何造中 著

江恩成功交易的规则

在可以预防的情况下遭受重大损失无异于财务自杀！

——江恩

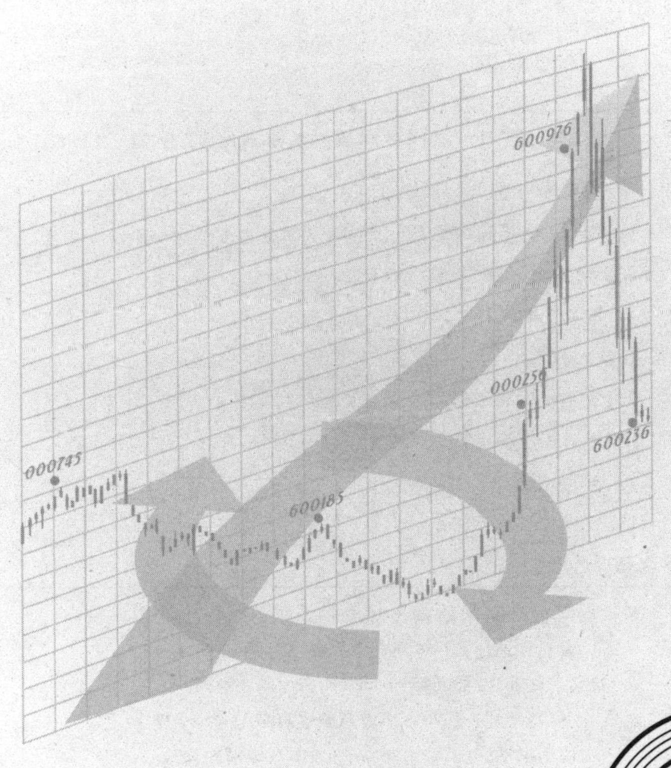

廣東省出版集團
广东经济出版社

图书在版编目（CIP）数据

江恩成功交易的规则／何造中著．—广州：广东经济出版社，2011.5

（何造中解读江恩理论系列丛书）

ISBN 978－7－5454－0875－1

Ⅰ.①江…　Ⅱ.①何…　Ⅲ.①股票交易—基本知识　Ⅳ.①F830.91

中国版本图书馆 CIP 数据核字（2011）第 153946 号

出版发行	广东经济出版社（广州市环市东路水荫路 11 号 11～12 楼）
经销	全国 新华书店
印刷	广东省农垦总局印刷厂（广州市天河区棠东横岭三路 11～13 号）
开本	730 毫米×1020 毫米　1/16
印张	10.25　1 插页
字数	172 000 字
版次	2011 年 8 月第 1 版
印次	2011 年 8 月第 1 次
印数	1～6 000 册
书号	ISBN 978－7－5454－0875－1
定价	35.00 元

如发现印装质量问题，影响阅读，请与承印厂联系调换。

发行部地址：广州市环市东路水荫路 11 号 11 楼

电话：（020）38306055　38306107　邮政编码：510075

邮购地址：广州市环市东路水荫路 11 号 11 楼

邮购电话：（020）37601950　邮政编码：510075

营销网址：**http：//www.gebook.com**

广东经济出版社常年法律顾问：何剑桥律师

总 序

真正的理论在世界上只有一种，就是从客观实际中抽出来又在客观实际中得到了证明的理论。

——毛泽东

从1997年在香港《每周财经动向》（全球出版发行）开辟专栏，发表一系列江恩理论与大陆股市案例分析的文章，到1998年应邀开始在国内专业性杂志《股市动态分析》撰写解读江恩理论的系列连载，至今已十年有余。可谓“十年磨一剑，霜刃未曾试。今日把示君，只为股民事!”

在我10多年的投资生涯中，时常想到江恩的一句忠告：“要想在股票交易中获利，就必须先获取知识，必须在损失之前就开始学习。许多投资者在进入股市时对股市毫无认识，而且在他们意识到开始交易前有必要进行一段时期的准备工作之前，就损失了大部分本钱”，这是江恩身处股市45年以上的经验之忠告和总结，也是我解读江恩理论的目的。

江恩理论之于证券技术分析，就如同易经、宗教、玄学等之于世俗文化。它们不是大众性的，总是不能被多数人所接受，然而却从没有人能完全否认它们。江恩理论的最大贡献，也许并不在于其神奇的技术，而在于这门技术是一个指引。它树起一根标杆，让别人去努力探索、追寻，在研究自然规律的道路上越走越远。江恩理论告诉我们，世上万物都遵循着自然的波动规律，都遵循着因果关系与协调关系的普遍法则。另外，市场中不能仅存在一种理论，市场是一种动态博弈，每个人按照自己的理解，在波动中寻找适合自己的投资方式、投资理念，江恩发现的这些规则和方法有哪些东西是适合自己的。

证券市场的历史主要包括两个方面：一是市场交易数据的历史，二是市场

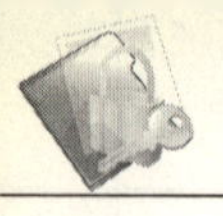

参与者的历史。前者可以让我们找出证券价格的运行规律，如江恩发现的，股票和商品期货的价格走势，往往会在它们的历史天价上遇到强大的阻力，并且“做头”；后者可以让我们总结前人的成败得失，也如江恩发现的，大多数人亏损的原因是对市场知之甚少。我们希望通过历史的研究解决三个问题：一是在什么位置出入市，二是在什么时候出入市，三是如何出入市。江恩在这三个问题上建立了自己的一套规则。

每一位研究证券市场的人，实际上都在研究历史。这种研究的一个重要前提就是，证券市场的运行是有章可循的，而这种规律是可以通过适当的方法加以认识的。如果证券市场真是像有些人说的那样是无序的、随机的、毫无规律可寻的，那我们还有什么必要研究证券市场呢？

要研究证券市场的正确趋势，就必须学习相关的知识。江恩认为，只有那些为知识花费时间和金钱，并不断学习，永不以为自己无所不知，而是意识到学无止境的人才能在证券市场中获得成功。在生活中，每个人投入多少就能收获多少。种瓜得瓜，种豆得豆。他本人也是这么做的。江恩曾在《如何在商品期货市场中获利》一书中写道：“在过去40年里，我年年研究和改进我的理论。我还在不断学习，希望自己在未来能有更大的发现。”江恩视投机为一种有利可图的职业，他严谨的工作作风值得每一个人学习。

许多人怀疑，江恩在半个世纪以前使用的市场分析方法和交易规则是否还能运用到今天这个愈加复杂的市场。这个问题从表面上看似乎有些道理，但是我们不要忘记了，江恩对市场的观察是基于人们对事物以往的认知，而这种认知是对未来的指引。

不知道你想过这些没有，世界上的万物都有自己特定的运行法则，例如物体松手以后回落到地上、男女自然地会对对方产生兴趣、万物相互依存……究竟是谁规定了上述法则，让它们各自按照自己的运行轨迹有序地、相互制约相互促进地十分完美地运行？这个答案我们暂不去管它，但仅就“游戏法则”一词就已贵如钻石！它精确地告诉我们：世界的存在不是杂乱的，它是在深刻的自然属性中必然地运作，每一件事的结果都是唯一的、特定的、必然的，它们像一串串刻度被永远地刻在了历史（时间）的坐标上。请永远记住上面这一段文字，否则你将不能解读下面的内容。

在其投资生涯中，江恩的平均成功率高达88%。人们惊叹江恩几乎每次都能判断正确。当然江恩自己也会有些错误，但都不是因为其理论方法本身的缺陷。除此之外，江恩还预测了从他那个时代起人类未来会发生的事，会出现的物体、发明等等，现在看来几乎全面按时间坐标实现了。江恩的思维模式建立在他本人坚信宇宙万物中无不存在着自然规则这一信念之上。江恩有一个虔诚的宗教家庭，来自圣经的教诲不仅仅是生活的基础。

江恩相信任何事物都遵循着宇宙中的自然规则，而规则的本身是由复杂的物质属性集合而成，任何物体的运行都是在两者作用下的必然结果。

江恩思想的两个基本要素是：动质和时间。动质是江恩理论的专有名词，其他任何书籍上没有动质一词。动质极其复杂，我不在此描述。

任何准确的分析都离不开时间，江恩把时间作为进行交易的重要因子，当特定的动质驱动运行时，时间因子会精确地显示事物属性的一一对应特性。

研究江恩理论不是一件容易的事情，正如江恩本人所说的一样，研究他的理论，需要意志和毅力。

天地间有“有其理无其事”的说法，那是我们的经验还不够，科学的实验还没有出现的缘故，“有其事不知其理”的，那是我们的智慧不够。换句话说，宇宙间的任何事物，有其事必有其理，有现象，就一定有它的原理，只是我们的智慧不够、经验不足，找不出它的原理而已。

本套系列丛书沿着两个中心思想创作，一是从江恩出生时候的时代背景为前提，以江恩的成长为主线；二是从证券市场的内在机理为出发点，遵循先定性后定量、基本面解决根本问题、技术面解决具体问题的原理。为了尽量保持江恩原著的真实性，我们以江恩的原著为蓝本，充分尊重原著的思想。为了全面地诠释江恩理论，我们也吸收了其他江恩理论研究者的发现和思想，同时还吸收其他理论的精髓来诠释江恩理论，以填补江恩理论由于他所处时代而导致的不足，尽量展现适合当今市场，尤其是中国证券市场的技术分析方法。

股票投资/投机是一门艺术科学，既有其科学规范的一面，也有其只可意会不可言传的一面。无论你是师从技术分析方法，还是紧跟价值投资思路，抑或两者兼而得备，投资这项游戏的规则都已经规定，除了在某些特殊阶段以外，总体来说只有少数人能成为大赢家。健将是可以培养和锻炼出来的，而冠军，除此以外，还需要天赋和一点运气。学习，可以帮助我们挖掘自己的潜能，并至少能够向一名健将去发展。

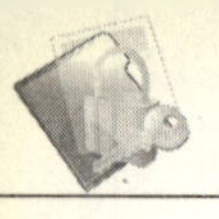

我们继承的是江恩的思想，狭义的江恩理论是江恩建立的理论框架和交易规则、技巧。广义的江恩理论是继江恩之后，所有研究江恩理论人士多年从江恩理论体系衍生发展出来的一系列著作。提到江恩理论，人们还定义在狭义层面，而事实上，在美国，研究江恩理论的专业人士已经涌现一大批了，还成立了一个江恩理论的研讨会的组织机构，每年定期召开会议，以交流学习对江恩理论新的发现，还有公司专门研制出江恩理论的证券分析软件。

我这次收集整理出版的这套系列丛书就是建立在江恩和一大批江恩理论研究人士的大部分研究成果基础上的，所以说，现在的江恩理论不单单是江恩所著的原著，还包括其他研究者所发现的，在江恩原著基础之上发展的所有著作。打一个很不恰当的比喻，就好像毛泽东思想是老一辈无产阶级结晶的道理一样，江恩理论也是所有为理论的发展而努力的人的结晶。

今天我们研究江恩理论所要走的路线因为大部分人以前还没有接触过，所以我们在这里先要使大家知道怎样去读江恩理论这部书，先从怎样去认识它、怎样去了解它开始。至于深入的研究，有人研究了一辈子，也还没有搞清楚，包括我在内，研究了十多年，还跟一个初学的人差不多。实际上，要解读好江恩理论这套经典技术分析理论，我自己都是战战兢兢的，觉得自己非常肤浅，没有办法向大家交代，有一点可以提供给大家的，只是一块敲门砖而已。

何造中

2011 年 7 月 12 日于深圳

前 言

股票投机其实没有一个严格的定义，但如果非要给它下一个定义，就我个人的对证券市场的理解，股票投机就是，利用专业知识，对市场做出理性的判断，把握市场差价机会，进行股票交易，从中获得利润的投资行为。投机者就是从事这类股票交易的投资者。

很多人都不承认自己在股票市场上是在做投机，尤其是那些公私募的基金经理们。但我却从不忌讳我就是在做投机。用国际投机大师索罗斯的话说就是，投资和投机之间没有重大区别，唯一的不同就是，投资就是成功的投机，因为成功地预测到了未来，所以就能赚取投机利润。

其实，投机是一项专业性很强的工作，不是人人都能成为成功的投机者。

国内知名私募基金管理人李驰先生认为，投资、投机都是对确定性可能如何影响未来的股价进行正确的判断，然后投入足够的金钱的一场财富游戏。至于有人喜欢将价值投资视作正面形象，将价值投机视作反面形象，那都是我们的中国特色。

投机从有证券市场以来，从没有消失过，也没有趋于消失的迹象。

按照索罗斯的理解，股票投机就是专注于趋势和市场羊群效应等现象的研究，他认为，无论一个趋势（不管是向上还是向下）还是羊群效应都不是轻易可以发现或者逆转的。这就是为什么不论牛市还是熊市，一旦形成之后，都要持续相当长的一段时间。江恩的理解是股票一旦开始上涨或下跌，就不会因为顾及人们的利益而停下来。因此，江恩建议，如果股票不跟着你走，你就必须跟着股票走。

对于投机者的描述，德国大投机家安德烈·科斯托拉尼这个号称“欧洲的巴菲特”的大师说得最为贴切。投机者需要经验的积累，以便不断地回忆起类

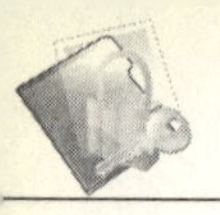

似的事情，正如伟大的发明家爱迪生所说：每个发明都是由10%的灵感和90%的汗水组成的。证券市场的投机者便是：90%的成功需要由“流汗”得来。投机者几乎是毫无自觉地加、减和乘。就像作家之于小说，作曲家之于主旋律，投机者靠的就是他的想法行事。在找到主旋律后，再给予大致的形式——调和音调并编成乐曲，就如指挥家引导出整首交响乐，银行家则是在交易所处理顾客的交易。

安德烈·科斯托拉尼还说，投机不是一般的职业，应该说是一份天职，投机者有他经济上的职权，而且是处于自由资金系统之中，即使他并没有对国民生产总值作出贡献。他无论在何处都介于投资者和交易所玩家之间，而且似乎是两者的混合体；投机者是必要的、机动的金钱推手，总是在周期性的股价和行情波动时做适宜的投资。

我想，对投机和投机者的描述不需再多言了。在整套丛书当中，自始至终都会有“投机”和“投机者”这两个词出现，我所强调的就是，把投机当成职业的投机者，我们投机股票就是为了赚钱而赚钱，至于方法或理念那是次要的。

江恩从来也不忌讳他是一个投机炒家，就好像索罗斯所说的一样：我绝非没有良知，但我为自己是一名成功的投机者而自豪。

但作为一个股票投机者投机股票，并不是盲目地赌博。相反，江恩强调，这是知识才能带来的财富游戏。

上面所说的这一切，无非证明投机股票其实就是一份生意。要把生意做好就不要忌讳你是在股票市场上投机，而且必须从内心深处清楚自己就是在做投机，而且还需要学习扎实的专业知识以提高自己基本的投机素养。

记住：狂热、活跃的股市是由狂热的市场炒作造成的。这种股市表现会强化人们的想象、夸大期望并使他们不可能得出理性的合乎逻辑的推理。

股票投机是一项技巧性很强的职业，当我们买入的时候，如果买早了，买入之后，股票继续下跌，短期内建好的仓位面临一定幅度的浮亏；如果买迟了，那么股价上涨了一定幅度，不但建仓成本高企，而且可能面临买入之后，股价出现波动，错过获利的最佳时点。就我们的理念心得，买股票的时候，用左侧交易的思路分析股票，用右侧交易的思路买入股票。

卖股票的时候，如果卖早了，卖了之后，股票继续上涨，甚至一段最佳获利机会可能就此错过；如果卖晚了，股票已经见顶回落，这时不但赚取的利润可能要回吐出去一部分，甚至可能出现由赚变亏的尴尬局面。

由此可见，在股票市场上成功投机，不是一件容易的事情。

这本书所介绍的知识不能保证你在股票市场上实现成功投机，但相信会给你提供一些好的思路和建议，因为这本书就是在江恩取得成功交易的基础上，于 1923 年总结并公之于众的十二条成功交易规则的基础上浓缩出来的十条规则。在这十条成功交易规则的基础上，再加上我十多年来对投机心得的理解，做一个肤浅解读。江恩这十条成功交易的规则，最后全部归纳到了他认为颠扑不破的 24 条规则之中。因此，我们在解读 24 条颠扑不破的规则的时候，会省略本书已经介绍过的这十条规则。

对于这本书的一些基本观点和思想，先做一个简单的阐述。

一、在投机市场上，不要渴望发生一些不可能发生的事情。在一波大行情的最高或最低点时入市，连续投机并大发一笔，这样难得的大好机遇几年才会出现一次。

二、千万不要把利润变成损失。如果由于贪婪，而把赚到的利润变成亏损，这种亏损无疑是一种非常糟糕的事情，如此行事的投机者最终是不会获得成功的。

三、如果买进或卖出一只股票而这只股票并没有马上或者在合理的时间内开始按照自己的判断发展，那就不要再做了。这对于保持投机者的客观性是十分重要的。

四、一旦对未来的方向不可能做出准确的判断，我们应该远离市场。如果对所做的交易心存疑虑，投机者就应该停止这种交易。当风险和收益难以确定时，永远不要投入一项交易。

五、市场的波动充满诡异，尽管专业投机者有专业的知识和长期的经验，对股市的波动会有一定的方向感。但人在希望、恐惧和贪婪的驱使下，也会失去审时度势的冷静心态。

六、不要过于集中地投机，在合适的时机入市，选定的所有股票全部达到止损点的可能性几乎没有。

七、所有投机者都应当记住，在所有的办法当中，最糟糕的一个就是过度交易，其次是不下止损单，再次就是摊薄亏损。

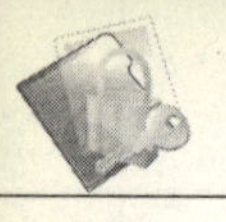

八、千万不要认为只要你坚持持有股票，就一定会等到股票朝着于己有利的方向发展。这只不过是一种固执，毫无合理的逻辑或推论可言。

九、如果无法得到想要得到的东西，就接受可以得到的东西；如果股市不接受人们所提供的东西，人们就提供股市愿意接受的东西；如果股市不顺应人的意愿，人就要顺应股市去操作。聪明人会改变主意，傻瓜则永远不会。

十、在形势有利时耐心持有，在形势不利时迅速退出，就会获得成功。

十一、在可以预防的情况下依然遭受重大损失无异于“财务自杀”。

十二、不要只是因为股票要分红就买进，也不要因为股票不分红就卖出。经过一段时间的炒作，股价就会高于或低于本身的内在价值，但最终决定股价走势的是供求关系，股票的价值就是由这些因素决定的。

我们进行的每一手交易都要有投机理由，不要凭着希望去进行交易。如果希望成为持有一只股票的唯一原因或理由，那就还是赶快卖掉，避免造成损失。市况在发生变化，一定要学会改变主意。首先要弄清楚一条规则是否实用，是否是在合理推理的基础上产生的。察看一下以往的记录，自信这条规则值得一用。江恩所积累的各条规则中有价值的部分都得到了印证。没有必要因为是江恩说的就信以为真，仔细审视以往的事实，给自己一个满意的答案。如果不能遵循你的投机规则，就不要开始投机，否则，注定要遭受损失。学会对规则要么严格遵循，要么就根本置之不理。我建议，下列各条规则可以仔细研究，如果符合你的投机理念的话，就在交易中加以应用。

目　录 CONTENTS

第一章

循序渐进，投机股市也是生意

在投机市场上，不要渴望发生一些不可能发生的事情。在一波大行情最高或最低点时入市，连续投机并大发一笔，这样难得的大好机遇几年才会出现一次。

——江　恩

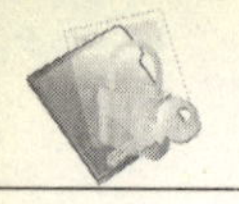

本套丛书的逻辑是，投机是一份有利可图的职业。投机的对象以股票为主，如果有风险承受能力，而且有经验和技术的投机者，还可以参与股票指数期货的投机。

在《投机——有利可图的职业》一书当中，没有对“投机”二字下一个定义，就我个人的对证券市场的理解，给“股票投机”下一个定义就是，利用专业知识，对市场做出理性的判断，把握市场差价机会，进行股票交易，从中获得利润的投资行为。投机者就是从事这类股票交易的投资者。

国际投机大师索罗斯认为，投资和投机之间没有重大区别，唯一的不同就是，投资就是成功的投机，因为成功地预测到了未来，所以就能赚取投机利润。

投机是一项专业性很强的工作，不是人人都能成为成功的投机者。

国内知名私募基金管理人李驰先生认为，投资、投机都是对确定性可能如何影响未来的股价进行正确的判断，然后投入足够的金钱的一场财富游戏。至于有人喜欢将价值投资视为正面形象，将价值投机视为反面形象，那都是我们的中国特色。

投机从有证券市场以来，从没有消失过，也没有趋于消逝的迹象。

对于投机者的描述，德国大投机家安德烈·科斯托拉尼这个号称“欧洲的巴菲特”的大师说得最为贴切。投机者需要经验的积累，以便不断地回忆起类似的事情，正如伟大的发明家爱迪生所说：每个发明都是由10%的灵感和90%的汗水组成的。证券市场的投机便是，90%的成功需要由“流汗”得来。投机者几乎是不自主地加、减和乘。就像作家之于小说，作曲家之于主旋律，投机者靠的就是他的想法行事。在找到主旋律后，再给予大致的形式——调和音调并编成乐曲，就如指挥家引导出整首交响乐，银行家则是在交易所处理顾客的交易。

安德烈·科斯托拉尼还说，投机不是一般的职业，应该说是一份天职，投机者有他经济上的职权，而且是处于自由资金系统之中，即使他并没有对国民生产总值作出贡献。他无论在何处都介于投资者和交易所玩家之间，而且似乎是两者的混合体；投机者是必要的、机动的金钱推手，总是在周期性的股价和行情波动时做适宜的投资。

我想，对投机和投机者的描述不需再多言了。在整套丛书当中，自始至终都会有“投机”和“投机者”这两个词出现，所强调的就是，把投机当成职业的投机者，我们投机股票就是为了赚钱而赚钱，至于方法或理念那是次要的。

江恩从来也不忌讳他是一个投机炒家，就好像索罗斯所说的一样：我绝非没有良知，但我为自己是一名成功的投机者而自豪。

但作为一个证券投机者投机股票，并不是盲目地赌博。相反，江恩强调，这是知识才能带来财富的游戏。在《投机——有利可图的职业》一书的第一章——《投机，必备的基本素养》有详细的论述，在此就不再重复讨论。江恩还说，在开始投机交易之前，一定要精心制订一份计划，然后按照计划去执行。建筑师建造房屋、工程师建造桥梁或是挖掘隧道，都是如此。

所有这一切，无非说明投机股票其实就是一份生意。要把生意做好，并赚到市场的钱，需要扎实的专业知识和基本素养。

然而，做投机交易时，对于最为重要的一些事情却要知道，其中之一就是要取得成功和使投机成为一种生意所需资本的数量。这就像开车到几百英里以外的地方去需要了解行驶这些距离要耗用多少汽油一样。

江恩认为，投机股票时不要想在几个月或是一年之内就能发家致富。如果一个人经过10年到20年能够得到一笔相当数量的财富，也就应当感到满意了。通常一个智勇双全的人要靠一笔资金发财需要一年的时间。江恩就曾经通过连续投机在很短的时间内积聚了大量利润，可这种事情不会一成不变。在江恩早期的投机生涯中，曾经有一桩经纪业务在意想不到的情况下突然失败了，把他自己的钱都赔进去了。所以，江恩也不认为，股票投机能够在几个月或是一年之内就能发家致富。

为此，江恩认为，他可以提供一种安全而又稳妥的方法，只要保守经营，不把投机当作是一种疯狂的赌博，就能比世界上其他任何生意获得更多的利润。这个方法，就是本书将要讨论的这十二条股票成功交易的规则。虽然这只是江恩所有方法和理论的一部分，但如果能够遵照它行事，我认为，对于一个投机者这无疑是受益的。

一个人在做某种生意时可能把所有钱都赔了进去，直到很多年之后，才在这项生意或是别的生意当中得到很好的赚钱机会。可在投机市场上，如果一个人老练到能够在时机出现时立刻抓住，那么他每年都会抓住这样的机会。在股市上，获利的机会非同寻常，并且有着那么多的大好时机，所以普通人都会变

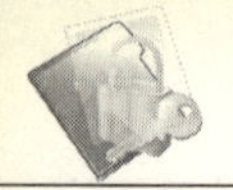

得十分贪婪，总会在每一次真正机会到来之前迫不及待地进行豪赌。

人们总想着通过投机来获取比其他生意更多的利润。如果一个人做其他生意每年获利 10% 就满足了，那么到了股市即使每个月资本都翻番，也不会感到满足。很多人从储蓄银行拿到基准利率的年息就满足了，可到了股票市场，投入 100 万元就会希望过两三个月再赚上 100 万元。

在股票投机市场上，不要渴望发生一些不可能发生的事情。在一波大行情的最高或最低点时入市，连续投机并大赚一笔，这样难得的大好机遇几年才会出现一次。

比如中国股市这 20 年，按照上证指数的年 K 线看，如图 1－1 所示。20 年中，有 12 年是上升的，8 年是下跌的。在上涨的年份当中，1991 年、1992 年、1996 年、1997 年、2000 年、2006 年、2007 年、2009 年这 8 年的上涨幅度都比较大，占了上涨年份的 2/3。这 8 年占了 20 年的 40%。反过来说，这 20 年，每两年半就有一次较大的赚钱机会。把握住这些年份的市场机会，就足以成为成功的投机者。同时还要相信，市场就是这么周而复始地波动，在抓住较好年份市场机会的同时，也不要忘记在较差的年份时，控制风险或者外出旅游。要知道，江恩是崇尚劳逸结合的。

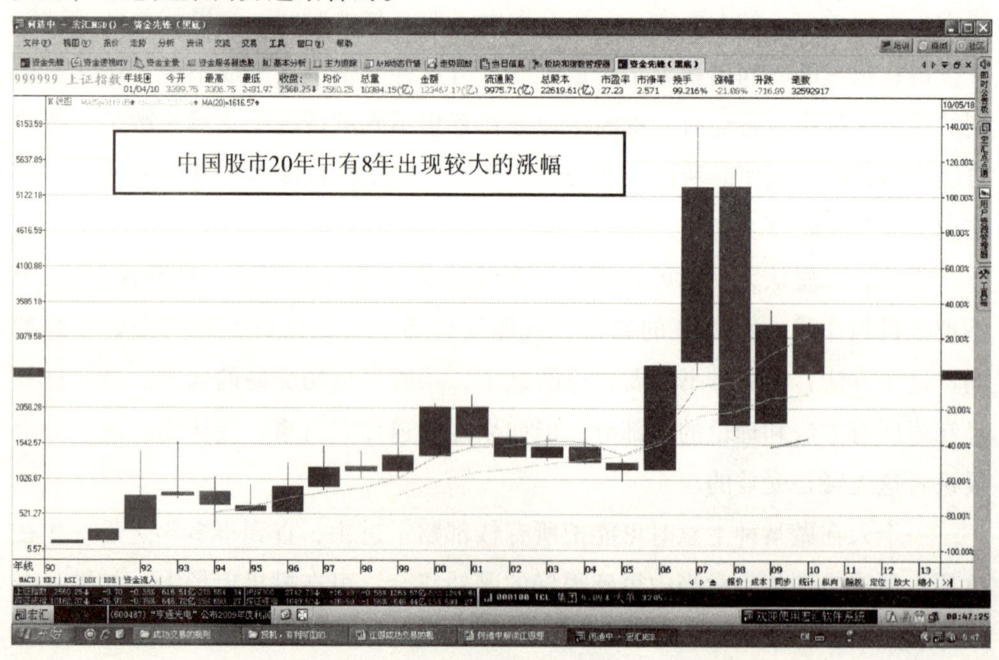

图 1－1

股票处于极高或极低价位的情况每年又会有两三次，这种情况下有很多机会可以赚取30%到50%的利润。

除了极端市况的2008年，上证指数在20年间，每年都会出现几次上下波动，如图1－2所示。每年的这些波动，就是投机赚钱的最好机会。按照江恩所说的，每年会有两到三次这样的机会，根据我的统计，沪深股市大盘情况也是大致如此。如果作为职业又专业的投机者而言，把握这两三次的市场机会，应该是大概率事件。甚至还可以在个股的操作上做到三到五次的交易。这些交易，都可能赚到30%到50%的利润。这并非难事，专业的职业投机者基本都能做到，中国股票的波动性还是比较大的，这也是投机气氛导致的。问题的关键是能不能把赚取到的利润保存下来，很多人其实只是做了几次过山车，没有及时"入袋为安"，而且认为这是天方夜谭的事情。

图1－2

江恩建议，要把投机当作是一种生意而不是一种赌博。开始之后就要做下去，不要倾尽全力赌上几笔，亏了就仓皇退出。务必耐心一些。如果在第一年用100万元翻番并且连续十年都是如此的话，你就会变成亿万富翁了。

要获得超额的收益，那么就要在那些活跃的领涨股票中寻找机会，剔除2008年这种极端的个例之外，大部分年份一年会出现三四次30%到50%的个

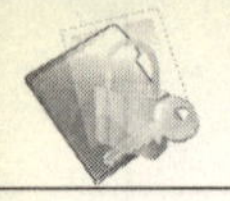

股大行情。如果能在保守交易中抓住半数这种大行情，利润就十分可观了。不能设想把所有小规模的股价波动都抓住。就连业内的基金经理们也抓不住十分之一的小幅波动，你又何必痴心妄想呢？

下面从 2009 年二季度到 2010 年一季度一个完整周期，来分析一下市场轮番出现的交易性机会，如果能把握好这种节奏，作为职业投机者，实现每年翻番不是没有可能的。而且职业投机者，如果在股票上赚钱是家庭中主要的收入来源的话，就必须最大可能地去寻找这些市场机会。

交大昂立（600530）在 2009 年二季度的市场表现为：4 月 1 日的开盘价位为 5. 40 元，这个价位差不多也是季度最低价，季度最高价位 11. 81 元，季度收市价位 10. 14 元。以季度开盘价和收盘价计算，交大昂立在 2009 年二季度上涨了 4. 74 元，涨幅为 87%。在这 87% 的上涨幅度范围内，赚取 30% ~50% 是完全可以实现的，也是有操作空间的。当然，在 2009 年上半年，沪深股市整体出现单边反弹行情，很多股票在上半年都出现了大幅度的上涨。2009 年上半年有一个较好的赚钱市场环境。

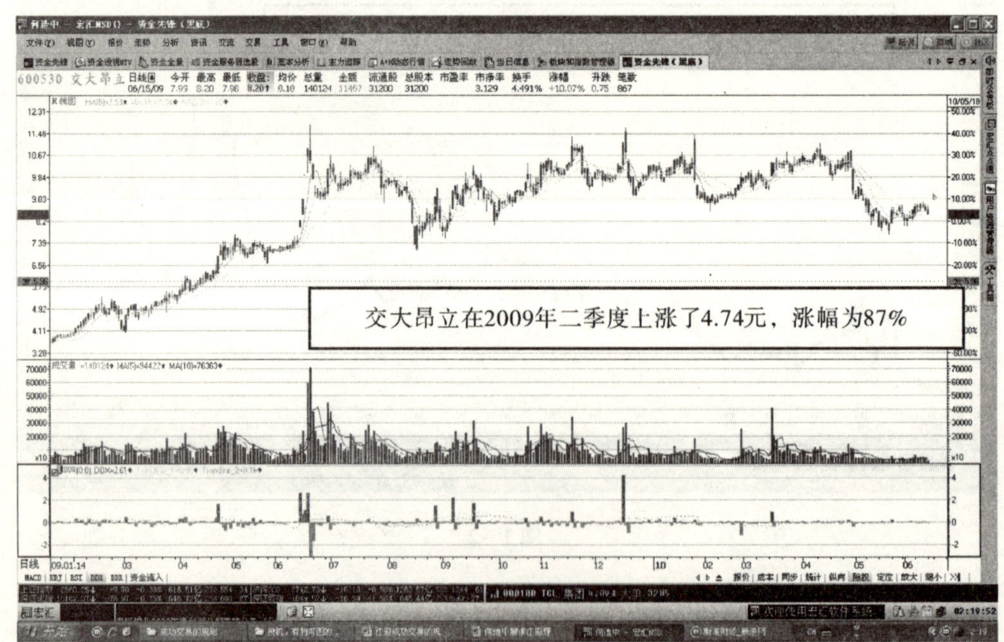

图 1－3

天业股份（600807）在2009年三季度市场表现突出，如图1－4所示。催化股价大幅上涨是重大资产重组所致。先来看股价的市场表现，7月1日的开盘价为7.35元，也是该股这个季度的最低价，季度最高价位19.50元，季度收市价为14.86元。从开盘价到收盘价计算，上涨了7.51元，上涨幅度为102%。这么大幅度的上涨，而且股价在高位停留了较长时间，表明这种市场机会遵照江恩的股票交易规则也是可以把握得到的。

当然，2009年三季度，沪深大盘出现了调整的走势，天业股份之所以逆市大幅度上涨，是因为公司有重大的资产重组。在重组消息公布之前，股价出现活跃异动走势。技术上有明显走强的趋势。在连续两个交易日涨停之后于2009年7月10日按照交易所规定停牌。直到公布重组消息后的2009年8月19日才恢复交易。

天业股份公布的是一项重大的资产重组。

2009年8月19日公布的资产重组预案为：公司将从控股股东处获得澳大利亚一处金矿资产。收购将采取定向发行方式，发行价格不低于8.15元/股，发行股份不超过2699.39万股，发行对象为山东天业房地产开发集团有限公司及包括公司实际控制人在内的5名自然人。

天业股份拟直接购买的资产为山东天业黄金矿业有限公司100%的股权，拟购买资产的预估值为2.2亿元。天业黄金成立于2009年7月22日，系由天业集团独资发起成立，2009年8月，天业集团决定对天业黄金进行增资，并引入天业股份实际控制人曾昭秦、天业股份董事总经理王永文等5人作为自然人股东。其中天业集团以现金出资约1.9亿元。增资完成后，天业黄金注册资本增加至2.2亿元。

但天业黄金并不是最终的收购目标，该公司是为收购明加尔金源公司股权而成立，成立后除投资明加尔金源公司外，并未开展其他实际业务。2009年3月，金马资源公司收购了明加尔金源公司100%股权，随后，金马资源公司与天业黄金签订了股权重组协议，金马资源公司将其持有的明加尔金源公司51%的股权转让给天业黄金，作价3000万澳元，目前股权转让已经完成。

明加尔矿产区域面积为1457平方千米，截至目前，已探明储量的矿区面积约50平方千米，仅占总面积的3.43%。明加尔矿区计算、指示和推断三个级别累计含510万吨矿石量、约12.5吨金金属量，矿床平均品位为2.4克/吨。

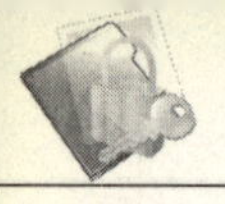

而根据当地评估机构评估，明加尔矿区远景储量将超过60吨金、240多吨银。截至2009年8月19日，明加尔金源公司已取得明加尔矿区的金采矿权12个。

截至2009年6月30日，明加尔金源公司净资产为1604.94万澳元；2008年7月至2009年6月，明加尔金源公司实现营业收入38.04万澳元，亏损2.63万澳元。

根据金马资源公司与天业黄金双方拟定的生产计划安排，明加尔金源公司将于2009年9月底开始恢复其在明加尔矿区的生产经营活动，天业股份预计恢复生产后，第一年采选生产能力将达1500吨/日，年产纯金量为1.13吨；第二年采选生产能力将达2000吨/日，年产纯金量为1.51吨；第三年，使得采选生产能力达到4000吨/日，年产纯金量为3.01吨。

天业股份表示，此次重组完成后，公司的净资产规模、资产质量和盈利能力将得到提高，竞争实力增强；同时，随着明加尔金源公司产能的逐步释放，以及公司矿产业务和房地产业务的优势互补，公司未来盈利能力将进一步得到增强。

天业股份收购进度

·2006年6月Monarch黄金矿业收购明加尔矿区，由其下属明加尔金源公司开发。

·2009年3月金马资源公司从Monarch处收购明加尔金源公司100%的股权。

·2009年7月22日天业黄金成立，天业集团现金出资1000万，占注册资本100%。

·2009年8月天业集团及曾昭秦等5名自然人对天业黄金增资共计2.1亿元。

·截至预案公告日天业黄金收购明加尔金源公司51%的股权已完成股权过户手续。

·2009年9月底预计明加尔金源公司恢复生产活动。

就是这个重组预案，天业股份的股价就走出一波喷井行情。虽然2010年2月21日又公告，该项重组中止。但对当时而言，对股价的催化作用达到了沸点。作为一个投机者而言，只是赚取股价上的差价，当有了一定的差价收益之后，按照江恩的逻辑，会及时了结离场。后面的中止重组已经无关紧要了。

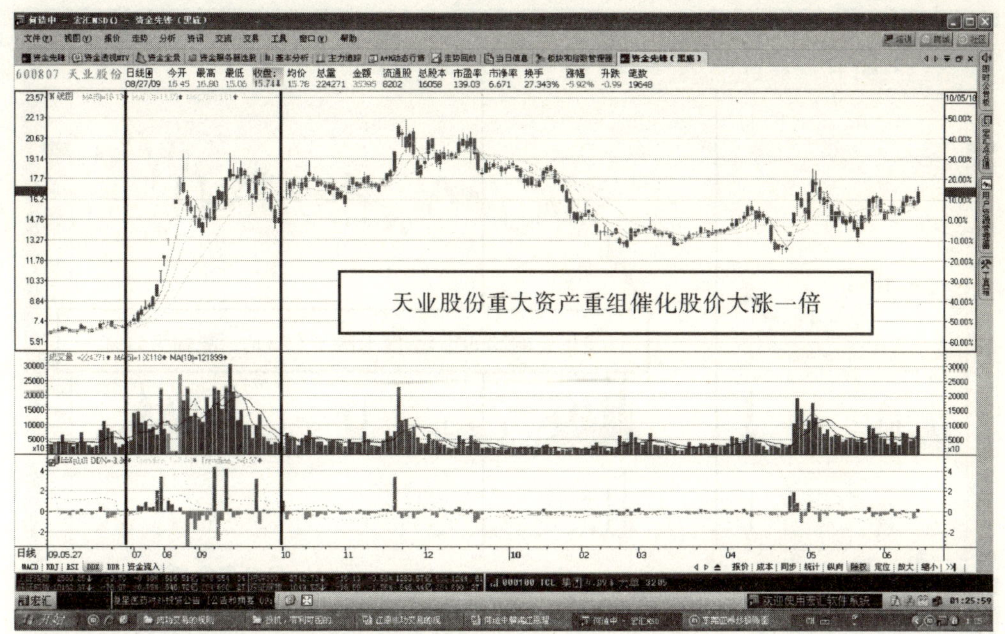

图 1－4

再看飞乐音响（600651），在 2009 年 4 季度，该股受即将举办的世博会利好影响，在上海板块整体走强的情况下，也走出一波较好的行情。股价从 2009 年 10 月 9 日（4 季度第一个交易日）的开盘价 6.25 元，上涨到了 2009 年 12 月 31 日的收盘价 9.48 元。上涨了 3.23 元，涨幅为 51%。在这 51% 的上涨幅度之中，理论上赚取 30% 的收益是有可能的，也是存在可操作空间的。如图 1－5所示。

最后来看天茂集团（000627），在 2010 年 1 季度，该股表现明显强于大盘。从 2010 年 1 月 4 日（季度第一个交易日）的开盘价 7.52 元，到 3 月 30 的收盘价 12.17 元，上涨了 4.65 元，涨幅为 61.8%。在这个上涨幅度之中，理论上赚取 30% 的收益也是有可能的，同样存在可操作空间，如图 1－6 所示。事实上，我们在这只股票上就获得了 46% 的收益。

从这四个案例中不难发现，除了 2008 年这种极端市场环境，在较好的波动年份，坚持较为保守的交易，从中抓住这种个股大行情的部分波段，利润十分可观。

退一步讲，一年当中只抓住了两只投机收益为 30% 的股票，回报率也好于其他大部分生意。

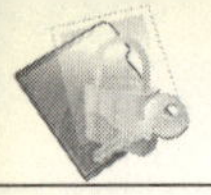

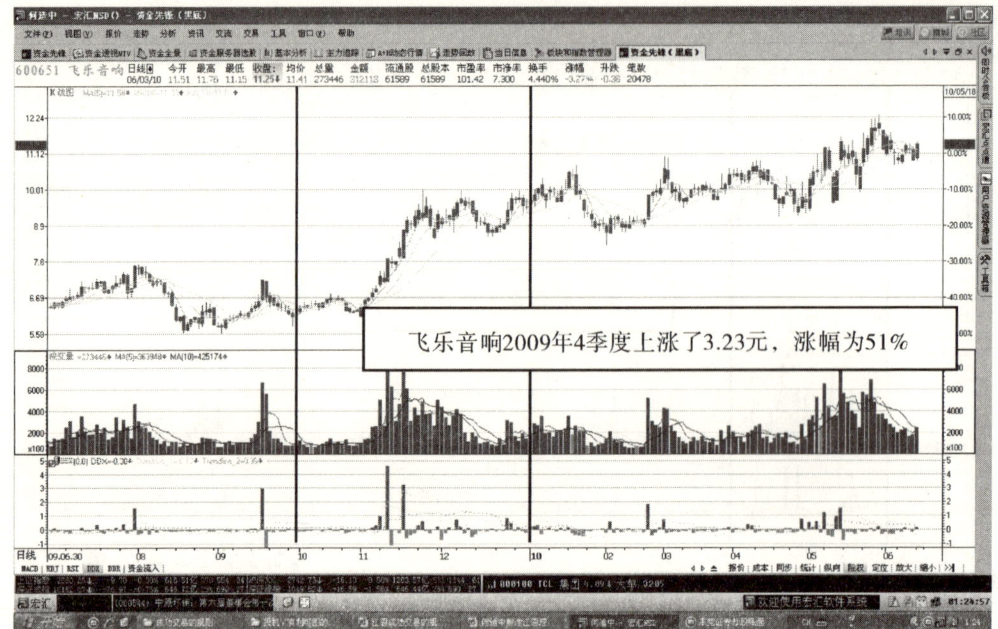

图1－5

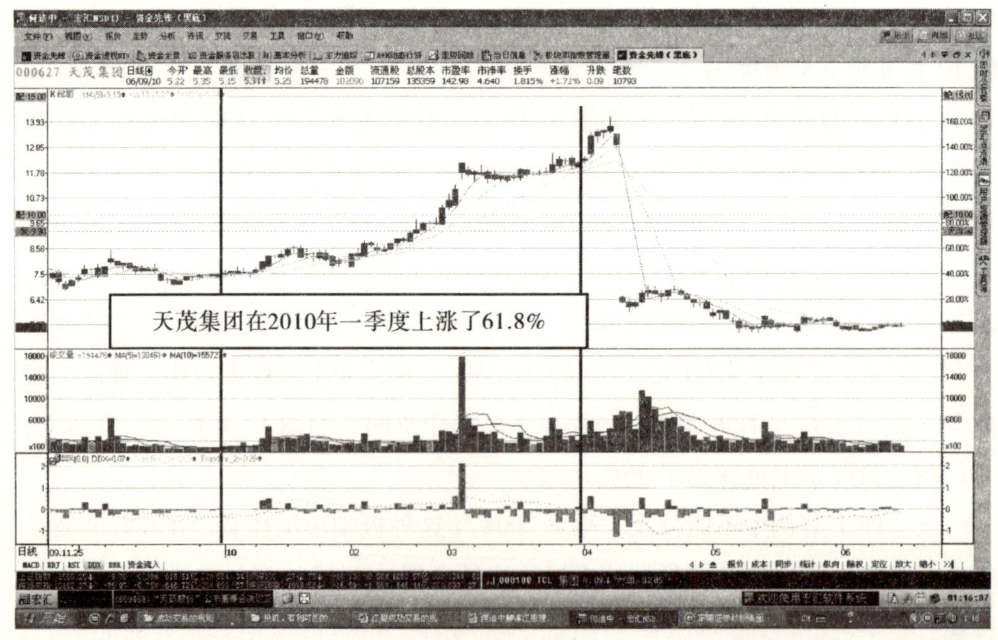

图1－6

当然，作为职业投机者，生活开支需要从股票投机收益中支付，如果每年的投机收益不能满足家庭开支，那么，你的资本无法累积增值。

所以，这引发另外一个问题——你能拥有资本的数量。按照深圳一个普通家庭开支计算，一个三口之家，养房、养车、小孩读书的费用，再加上生活必需支出，一年至少需要 30 万元。如果你只拥有 100 万元的资本，那么，你每年赚取 30% 的收益，也只能维持家庭的正常支出。果真如此，那么这份职业投机就会使你倍感压力，你只有赚取超过 30% 的收益，你的财富才能增长。

而只要你努力，遵照江恩给我们的交易规则，从基本面入手，深入研究公司基本情况，把握每年两三次的市场机会，循序渐进，股票投机也就真成了一门生意。

第二章

劳逸结合，不宜过度交易

所有的投机者都应当记住，在所有的办法当中，最糟糕的一个就是过度交易，其次是不下止损单，再次就是摊薄亏损。只要不犯这三种错误，就会取得成功。

——江　恩

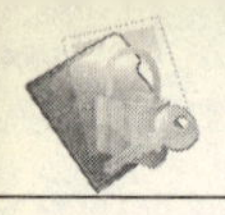

江恩在 1923 年出版的一本名为《股市定律》的书中，认为投机者要想获得股票市场的成功投机，需要记住并避免这种错误：首先是过度交易，其次是不下止损单，再次就是摊薄亏损。

关于设置止损单的问题，我们在《投机——有利可图的职业》一书中有详细的论述，这里就不再重复讨论。“摊薄亏损”我们会在《江恩 24 条颠扑不破的规则》一书中讨论，在此也暂时不做讨论。

本章重点讨论一下作为一个投机者，应不应该过度交易，江恩对过度交易又持一种什么态度。

我们先来解释一下“过度”这个词的意思，过度就是指超过适当的限度。证券市场的过度交易就是指股票经过一段时间的炒作之后，其股价超越其价值或超越适当程度。

江恩分析，在华尔街，过度交易造成的损失比起其他原因造成的要多得多。一般人不了解要成功需要多少资金，就会过度地买进或卖出。所以，当资金几乎用尽的时候，就被迫清盘并且很可能因此而错失获利的机会。所以务必在进行交易之前而不是过后，判定自己所能承担的损失额度。江恩建议，股票投机有时需要坚持小量，保守一些。特别是在行情长期处于低位或顶部时，更不能过度交易。财富的损失往往是在想要获取一波行情最后的 3 到 5 个点时造成的。在行情处于顶部或底部时，要保持冷静，避免过度自信。仔细研究股市行情变化图，千万不要让自己的判断受到期望或畏惧的影响。

有心的读者不知道有没有发现，江恩很早就提出要避免过度自信。根据我的研究发现，过度交易的投机者都是因为过度自信才……所以，要避免在股市中过度交易，就要分析深层的原因，那就是过度自信。这一章我们就来探讨过度交易、过度自信、过度自信的原因分析和江恩对过度交易的认识等几个方面。

我们先来看一下中国科学院心理研究所“股民心理与行为研究”课题组的一个研究简报。中国科学院心理研究所的研究人员认为，股民在头脑发热的时候，往往会对机会和股票未来走势的判断变得更为激进，同时，为了避免认知失调带来的内心冲突，这些股民在进行市场分析、信息搜集的时候也会将更多的注意力放在那些支持自己信念的信息上，倾向于忽略那些不支持自己信念的信息。所以过度自信的投资者第一个表现就是容易盲目相信自己判断分析股市的能力，导致对风险低估，忽略长期的发展趋势，过多关注短期，不顾成本频繁操作，使收益受损。另外过度自信的投资者还会表现出容易忽视长期趋势，盲目抛售，依据现在的环境推测未来，盲目持有近期表现良好的股票。

课题组的研究人员进一步指出，造成这种情况的原因也可能在于：

首先，在股票投资活动中，对自己的投资能力有信心的股民往往会亲自操作买卖，而没有信心的股民则会更多地倾向于选择别的投资方式或委托理财，这就导致股票投资市场中很多参与者都表现得过度自信。

其次，完成简单任务的时候，尽管判断准确率相当高，人们却会变得不自信，而当面临具有挑战性的困难任务时，人们反而会表现出过度的自信。股票市场中的投资者经常需要确定分析市场信息、选择投资标的和投资时机等等，这些都是非常复杂的任务，所以投资者是过度自信的易患者。

再次，当了解的信息越多的时候，过度自信就会越严重，所以不仅新手会容易过度自信，投资专家也容易过度自信。

为什么会出现这种过度自信的现象呢?

按照心理学的解释，自信是一种行为特性，其特点是为了保护某种权益或达到某种目的而表现出来的一种主动的社会行为。但是，在投资中，很多投资者不是没有自信，而是自信过了头。

在人们的决策中，过度自信是一个最为普遍的问题，其所带来的潜在破坏性也是最大的。过度自信酿成了不少悲剧。切尔诺贝利核泄漏事件发生前两个月，乌克兰能源与电气大臣这样说道，这里发生泄漏的现象是一万年都难遇到的。美国人的过度自信使日本人在“二战”期间成功偷袭了珍珠港。再以生活中的一个例子说明，有调查分别问丈夫和妻子，各自干了家务活的百分之多少，两个人的回答加起来大多数情形下是超过100%的，这也是过度自信的一个表现。

具体到投资，你觉得自己的投资水平比市场上投资者的平均水平是高还是低呢？既然是和平均水平相比，应该是一半的人回答高于平均，一半的人低于平均。但是，实际上，往往有八成以上的投资者回答高于平均。原因很简单，如果回答低于平均的话，参与投资还有什么意义呢？毫无疑问，最起码三成的投资者高估了自己的投资能力。

心理学家通过实验观察和实证研究发现，人们往往过于相信自己的判断能

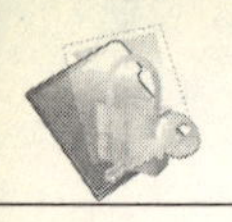

力，高估自己的成功机会，把成功归功于自己的能力，而低估运气和机会在其中的作用，这种认知偏差称为过度自信。

很多股民的言语也表明了投资中过度自信的存在。A 投资者说："本来我一直以为炒股就那么回事，即使不能赚到钱，也不大可能赔钱，我的头脑不比别人差嘛。"B 投资者说："一开始，我做几笔交易都成功了，赚了十几万。我那时的满足与兴奋不用说了，我心想，炒股也不过如此嘛。"C 投资者家庭极力反对投资股市，他的回应是：嘿，我偏不信这个邪！我要炒股，目的是赚更多的钱，让儿子放心读书，让我们家庭的经济宽松一点，我不信我就不能炒股，那些什么也不懂的工人，不是照样成天把股票挂在嘴上吗？D 投资者说："我心目中，一直把炒股看作是一种智力游戏。你不知道，读书时老师经常要我们做智力游戏，或者出个什么脑筋急转弯之类的题目。每当那些时候，我几乎都是最先胜出者。所以我相信我会赢。"E 投资者说："我大学里学的是金融专业，按道理来讲我应该比别人更有把握更有耐心。"F 投资者说："那段时间我对股票的热情很高，就像运动会上期待爆冷门的人一样，我对自己有百分之百的信心。"

投资者过度自信的表现之一就是经常地买卖股票。我国投资者的换手率远远高于其他市场，有的年份达到 500% ~600%，平均的持股时间为 2 个多月，绝大部分投资者沦为了投机分子。基金也不例外，其换手率和散户相差无几，个别基金更是达到了惊人的 1100%。研究还表明，男性投资者换手率高于女性，男人更容易高估自己。过度自信还表现在高估利好事件出现的可能性，相信市场会继续向上，而有意无意地回避利空消息。在 2007 年七八月份市场高涨的时候，不断有泡沫、估值过高等警示性的语言出现，又有多少投资者理会了呢？2007 年 8 月 CPI 即突破 6%，市场似乎视而不见。过度自信的投资者还过分依赖自己收集到的信息，轻视其他信息来源。而市场是不理会个人所掌握的信息的，它反映的是所有人的信息，谁能保证一个人比千千万万的投资者拥有的信息还及时准确呢？

美国也不例外，美国某证券经纪公司对 1987—1993 年间的 10000 个账户的交易数据的统计分析发现，绝大多数账户都存在不计成本的大量交易现象。进一步的研究分析表明，这种现象主要是由投资者过度自信导致的。另一家大型证券经纪公司对 1991 年 1 月到 1996 年 12 月期间的 78000 个家庭账户的研究结果发现，换手率最低组的月平均净收益率为1.47%，而换手率最高组的月平均净收益率仅有1.009%，也就是说，低换手率组（低过度自信组）的收益率约是高换手率组（高过度自信组）的1.5倍。所有这些都说明，在股票投资市场，过度自信导致的过度交易是股民中普遍存在的一种现象（这与中国科学院心理研究所“股民心理与行为研究”课题组近期访谈研究的发现——“很大一部分股民认为自己是短线高手”不谋而合），且过度自信导致的过度交易与实际收益率成反比。

江恩在《股市定律》一书中有这么一段文字记载：1919年那次大牛市非常清楚地表明，当大家都疯狂地做多而看不到上涨的最高点时会出现什么情况。那次牛市出现了人人都看涨、人人都买进、没人敢做空头的局面，成为有史以来最激烈的股市之一。结果怎样了呢？11月初“泡沫破裂”、衰退开始后，有些股票在两个星期之内就下跌了50~60个点；那一年整个上升过程中产生的所有利润10天之内就全部化为泡影。跌势开始之后想要等待触底反弹时退出的人，根本就没有得到任何机会，因为大家都想退出，股价越低被迫抛售的人就越多。结果，价格越降股市就越低迷。

记住：狂热、活跃的股市是由狂热的市场炒作造成的。这种股市表现会加剧人们的想象、夸大期望并使人们不可能得出理性的合乎逻辑的推理。所以，在极端的股市当中要尽量保持清醒的头脑。记着，天下没有不散的宴席。江恩就曾经打过这么一个比方：以60英里的时速运行的列车一旦脱轨，造成的破坏要比以5英里的时速运行的火车大得多。因此，遇到疯涎、失控的股市时就要趁着股灾尚未酿成就先行出逃，因为一旦出现崩盘就再也没有出逃的机会了。如果每个人都想卖出却没有人想要买进的话，利润很快就会变成亏损。

华尔街有一条格言：不要把大脑同牛市相混淆。意思是说，当市场经过剧烈震荡趋于理性的时候，我们还要时刻提防人性投资的陷阱。

人们不断通过观察自己的行为结果来判断自己的能力。而这种行为结果又往往被单纯地归结于成功与失败。人性投资者更愿意把太多的成功归结于个人的技术而不是运气。变得过于相信自己能力的结果就是无法实现自身投资利益的最大化。

心理学研究还表明表明，人们在了解自己能力的方式上存在着自我崇拜的偏见与误区。当成功的时候，人们往往相信这是来源于自己的能力；当失败

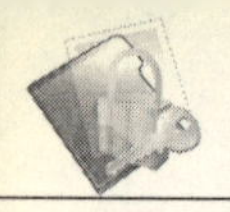

时，又往往把失败归咎于运气、环境或者他人。这种偏见与误区会导致人们对自己的能力与知识过于自信，从而影响决策。这种情况见之于各个领域，包括投资领域。

这种心理偏见对于投资者的危害是显而易见的。过于自信的投资者会过度地相信自己判断分析和解释信息的能力，从而会以多种形式影响交易行为。

首先，过度自信会直接导致低估风险。这很好理解，股市震荡前的种种市场行为就是信心膨胀的表现，结果也证明了风险，通过小盘股投机获利的投资者手里持有了太多的垃圾股。其次，过度自信的投资者会倾向于频繁操作。过度频繁的操作增加了交易量，增加了市场的流动性，对于个人投资者而言的后果就是在预期收益严重高估的前提下，大大地增加了交易成本而使收益受损。更为重要的是，这种偏见还会影响投资者正确的技术分析与理念的形成，从而进一步地影响交易行为与收益。

投资的实质就是买到你选择的东西。而投资的核心是建立在不确定性的基础上的。如果我们总是很清楚地看到未来，那么未来的价格永远等于今天的价格，而投资也就失去了本身的意义。基于偏见的投资者忽略了不确定性，同时又增加了对有效市场的判断，从而忽略了机会。因为在投资者头脑冷静的时候，知道没有能力预知未来。但往往是在极端恐慌和狂热的心理状态下，他们对未来的判断会极为大胆。这与过度自信的投资一脉相承，市场的大起大落就是由投资者的心理从怀疑到确定的转变形成的。

充满意外的事件的序列组合带给未来的永远是不确定的数据库参考，而不确定性是投资市场获利的根源。“投资永远是非常困难的”。不做过度的自信投资者并不意味着无所作为，因为放弃比推迟决策会使投资者付出更大的代价。参与其中、理性判断、理解规律、立足长期，这将是应对过度自信与不确定性的手段。

法国诗人保罗瓦莱里曾经如此地阐释命运：命运曾经就像一场有规则的纸牌游戏，有若干纸牌和分值。现在玩家会惊喜地发现他手中的纸牌从来都没见过，而且游戏规则每一局都在改变。

变是绝对的，不变是相对的。新的信息和未知的信息都会不断地涌现，在确定与不确定的两个世界里，试图自信地猜透市场是有风险的。投资领域，大多数的胜利属于乌龟，而不属于兔子。

大部分投机者们可能还不知道，其实过度自信已经进入理论研究范畴，是金融学的四大研究成果（即过度自信理论、视野理论、后悔理论及过度反应理论）之一。

国外的研究专家在2002年的时候，将过度自信定义为，认为自己知识的准确性比实际的程度更高的一种信念，即对自己的信息赋予的权重大于事实上的权重。

关于主观概率测度的研究也发现确实存在过度估计自身知识准确性的情况。

心理学家们的研究还发现一些职业领域往往与过度自信相联系，如外科医生和护士、心理学家、投资银行家、工程师、律师、投资者和经理。1992年外国两位专家还研究发现，人们在回答极度困难的问题时，倾向于过度自信。在回答容易的问题时，倾向于不自信；当从事的是可预测性较强，有快速、清晰的反馈的重复性的任务时，倾向于仔细推算，如专业桥牌运动员、赌马者和气象学者。

早在1935年的时候，弗兰克就研究发现，人们过度估计了其完成任务的能力，并且这种过度估计随着个人在任务中的重要性的上升而增强，人们对未来事件有不切实际的乐观主义。

1987年还研究发现，人们期望好事情发生在自己身上的概率高于发生在别人身上的概率，甚至对于纯粹的随机事件有不切实际的的乐观主义。人们会有不切实际的积极的自我评价，往往认为自己的能力、前途等会比其他人更好。过度自信的人往往有事后聪明的特点，夸大自己预测的准确性，尤其在他们期望一种结果，而这种结果确实发生时，往往会夸大自己在产生这种合意结果中的作用。还有研究专家认为，成功者会将自己的成功归因于自己知识的准确性和个人能力，这种自我归因偏差会使成功者过度自信。

过度自信的人在做决策时，会过度估计突出而能引人注意的信息，尤其会过度估计与其已经存在的信念一致的信息，并倾向于搜集那些支持其信念的信息，而忽略那些不支持其信念的信息。当某些观点得到活灵活现的信息、重要的案例和明显的场景支持的时候，人们会更自信，并对这些信息反应过度。而当某些观点得到相关性强的、简洁的、统计性的和基本概率信息支持的时候，人们通常会低估这些信息，并对这些信息反应不足。

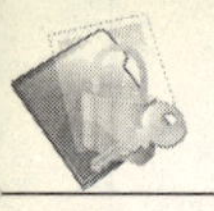

过度自信是指人们对自己的判断能力过于自信。投资者趋向于认为别人的投资决策都是非理性的，而自己的决定是理性的，是在根据优势的信息基础上进行操作的，但事实并非如此。过度自信来源于投资者对概率事件的错误估计，人们对于小概率事件发生的可能性产生过高的估计，认为其总是可能发生，这也是各种博彩行为的心理依据；而对于概率为中等偏高的事件，易产生过低的估计；但对于概率为90%以上的事件，则认为肯定会发生。这是过度自信产生的一个主要原因。此外，参加投资活动会让投资者产生一种控制错觉，控制错觉也是产生过度自信的一个重要原因。

很多证券专业人士认为自己有能力跑赢大盘，然而事实并非如此。有人在此领域做了大量研究。男性在许多领域（体育技能、领导能力、与别人相处能力）中总是过高估计自己。比如有人在1991—1997年中，研究了38000名投资者的投资行为，将年交易量作为过度自信的指标，发现男性投资者的年交易量比女性投资者的年交易量总体高出20%以上，而投资收益却略低于女性投资者。数据显示：过度自信的投资者在市场中会频繁交易，总体表现为年交易量的放大。但由于过度自信而频繁地进行交易并不能让投资者获得更高的收益。在另一个研究中发现，年交易量越高的投资者的实际投资收益越低。在一系列的研究中，还发现过度自信的投资者更喜欢冒险，同时也容易忽略交易成本。这也是其投资收益低于正常水平的两大原因。

证券投资既简单又复杂。说它简单是因为一个完全不懂投资的人，通过几个小时的简单培训就可以入市操作，如果运气好的话还可能短期内获利不匪；说它复杂则是因为证券市场波动频繁，似乎没有什么现成的规律可循，要想长期获利更是困难重重。正是因为证券投资具有较大的偶然性，容易让人产生一夜暴富的幻想，因而入市者众多。

诺贝尔经济学奖获得者、行为经济学大师卡尼曼在研究证券投资行为时发现，人们在形成自己的判断时，常常对自己的判断过于自信，高估自己的直觉、逻辑推理能力以及成功的机会，这种现象在行为经济学中被称为过度自信。

过度自信是人们认知上的一种偏差。一项权威的行为学实验结果显示，在被问到自己的投资水平时，80%的人认为自己的投资能力和投资业绩可以超越平均水平，而实际跟踪的结果并非如此。行为经济学的研究表明，在日常生活中，人们常常低估风险，同时高估自己控制形势的能力，在做决策时常常认为自己比别人聪明。在投资时具体表现为在购买了某只股票后，常常坚持认为自己的投资是正确的，比较重视有利于该股的消息，而忽视关于它的负面消息。从证券投资的实证研究结果来看，男性比女性容易过度自信，而新股民比老股民更容易过度自信。新股民的过度自信往往来自于某一次偶然的投资成功。

证券市场上偶然得到的"消息"确实有可能让一个完全没有投资经验的人获取暴利，而这种现象的产生进一步加剧了投资人的过度自信。但经过深入分析，我们应该看到，包括证券投资在内的各种商业活动的成功，运气是普遍存在、必不可少的，问题的关键是运气的成分占了多少，如果不能正确地评估，把运气导致的偶然成功都视为自己能力的体现，那么将会对未来的投资埋下重大的隐患。

市场也总是狠狠打击那些过度自信的投资者。当投资者被自己的过度自信蒙蔽了双眼，在某只股票上投入了全部的资金而孤注一掷的时候，其财产的崩溃是必然的事情，因为总有看走眼的时候。

总之，过度自信会对股票投资者的股票买卖决策产生一定的消极影响。因此，掌握股票知识、资产管理经验和即时信息等对股民的股票投资决策固然很关键，但股民也不能忽视自身动机、心态和情绪等个性心理因素对股票投资的影响。课题组的专家建议，投资者应当立足长远，时刻关注自己的心理情绪变化，定期进行反省，并利用市场客观指标的变化适时调整心态，避免过度自信等心理状态误导自己的决策，导致股票投资失败。

所以，江恩通过长期的投机经历，总结出这样的心得：劳逸结合，在股票市场上不宜过度交易。

无论做哪一行，健康都是成功的基本条件。在投机市场上，健康也是赖以成功的一笔巨大财富。一个人一年当中至少应当两次暂时停止一切交易，彻底抛开股市外出度假或者休养一段时间。让大脑休息一下，使判断更加清晰。一个人无论干什么，如果长期处于紧张状态，得不到任何休息，他的判断就会出现偏差，就会形成思维定式，总是片面地看待事物。

不管在股市中是做多还是做空，都会出于本能地希望股市能够按照自己的意愿发展，因此也就更加强调那些似乎暗示着市场行情对你有利的事件。一旦离开了股市，就能够不带有任何期望和畏惧地看到事情的本来面目，从一个没

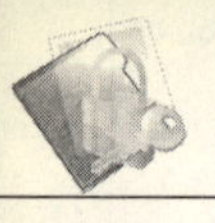

有任何偏差的角度对股市作出判断。那些日复一日始终不离开股市，时时刻刻忙着一笔笔交易的投机者，早晚会把他们所有的钱财都损失掉。

江恩还举例说，他认识一个进行科学预测并大获成功的交易人，这个人一年当中只不过交易五、六次，如果在冬季或者早春时节买进一些股票等待上涨而股票果然像预期的那样上涨了，他就会卖出套利。然后，就会暂时离开股市，有时甚至会长达几个月。到了夏天，如果看到开始出现牛市或熊市的迹象就会再次入市。如果股市与其设想相吻合，他可能会跟踪一段时间使股票连续上涨几个月。一旦看出这一轮行情即将结束的苗头，他就把所有交易交割完毕，兑现所有利润，然后像大雁一样一路南下到阳光明媚的南方去。他有时候整个冬天都呆在佛罗里达州打猎、钓鱼，然后再到阿肯色州的温泉城泡泡温泉，等他回到华尔街时，健康状况非常好，又能够全身心地投入到一轮又一轮的牛市、熊市行情当中了。

这个交易人对于自己心爱的股票总是采取一种特殊的交易方式。对这些股票进行深入研究，密切关注那些自认为是绝对可靠的信号。这些信号一旦出现，他就采取行动。时机来临之前，他从不急于求成；而时机一到，他就毫不迟疑地买进或卖出。他总是非常平静和镇定，耐心地等待开始或结束交易的时机。

还有两件事是这个交易人从来都不做的，那就是预先期望利润的大小和估出的特定时间。我经常看到当他做了一手很可能会不成功的交易后，他经常会离开，说："哦，我觉得我要回办公室观察一会儿了。"有时候，他会过几天或是几个星期再开始交易，只要他开始交易，就一定以相当合理的理由作为依据，这第二次交易有百分之九十的把握可以赚到钱。试想一下，假如他在做第一笔交易的时候就想着交易会按照自己的想法发展，由于判断出现了偏差，因此就会愈加不可靠。这时候，最好的做法就是暂时离开股市，从一个毫无偏颇的角度加以审视。

最后江恩感叹地说，如果股市没有出现确定的走势，就干脆离开静观其变好了，人的耐心不会白费的。

第三章

见好就收，不让赢利变成亏损

投机者经常买进或卖出有很好市场表现的股票，但由于贪婪，希望赚取更多利润，一直满怀期望地持仓观望，等到最后利润变成了亏损。这种亏损可是一种非常糟糕的事情，如此行事的投机者最终是不会获得成功的。

——江　恩

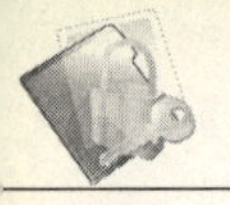

江恩开宗明义地说，除了过度交易导致亏损之外，更多的人都是因违背了“让赢利变成亏损”这一规则而招致破产的。

这并非危言耸听，当做一笔交易的时候，如果买入一只股票，接下来的趋势朝着预期的方向发展，这笔交易很快产生了赢利，如果不用止损指令保护已经产生的赢利，也不及时获利了结，当股价波动的时候，跌回买入价之下，也就是让有赢利的头寸变成亏损，这样的操作，无疑将招致破产。

作为股票投机，“永远不让赢利变成亏损”是一条放之四海而皆准的铁律，也是江恩留给我们的重要遗产，相信也是江恩长期投机炒作股票之后的深切体会。

赢利和亏损，是股票投机永远绕不开的一对孪生兄弟，如何能让赢利“长”亏损“短”呢？

一、市场低迷期，快进快出，不能让赢利变成亏损

就拿我们刚完成交易的一只股票为案例来说吧，2010 年 6 月 7 日，九洲电气（300040）早盘跳空低开的时候，我们迅速挂单买入，并在平均成本 20.58 元附近顺利累计买到了一定数量的股票。当天，九洲电气就大幅上涨了 5.29%，由于是低开，以我们买入的平均成本价 20.58 元计算，到收市的 22.30 元，我们账户上这只股票有 8.35% 的浮动赢利。如图 3－1 所示。

接下来的几天，九洲电气的走势继续朝有利于我们的方向发展，到了 6 月 11 日，股价 23.75 元高开，前一天晚上，也就是 6 月 10 晚上，我跟研究员电话里沟通，达成的共识是，在 6 月 11 日我们应该找一个适当的价位获利了结了这只股票，因为我们在计划买它的时候，就是以短差为主。原因有二，第一，这段时间创业板的股票交易比较活跃，而且电气设备的股票又是市场的热点，比如说国电南瑞、卧龙电气、长园集团等股票在这段时间的走势都明显强于大盘。第二，大盘的走势还极其不稳，上证指数的底部形态还没有形成，而且，这段时间，2010 年最大的一只 IPO 农业银行开始申购发行，市场压力比较大。

所以，当 6 月 11 日，九洲电气出现高开的时候，我们毫不犹豫地在 23.50 元附近全部抛售出去。剔除交易成本，我们在 5 个交易日内，在九洲电气这笔交易中有近 14% 的净利润收益。在当时的这种市场环境下，算得上是一次很成

功的交易。

但如果我们没有及时见好就收，把期望值提高，会导致……接下来的两个交易日，九洲电气出现了戏剧性的变化。2010 年 6 月 17 日，端午节休假完之后的第一个交易日，九洲电气高开之后，继续大幅度冲高 8.05%，但很快股价就回落下来，到 6 月 17 日收盘价，该股收回 22.78 元。更可怕的是 6 月 18 日，开盘稍为冲高之后，迅速被打压下来，并一度封至跌停的位置 20.50 元，最终收在 20.56 元。

两个交易日九洲电气的股价就打回我们买入的成本位置，如果稍作迟疑，又没有用强制性的止损指令执行我们的计划的话，我们在九洲电气上的这次交易将会以失败告终，接下来的市场形势很不利于创业板和电气设备这类活跃了很久且累计涨幅太大的股票。也就是说，我们将会在九洲电气上由赢利变为亏损。这恰恰是违背江恩规则的。

我们在九洲电气上，并不期望在 2010 年 6 月 17 日最高位的时候抛售，但也不可能到亏损的时候再被迫止损。明智的操作就是见好就收，不让赢利的头寸变成亏损。

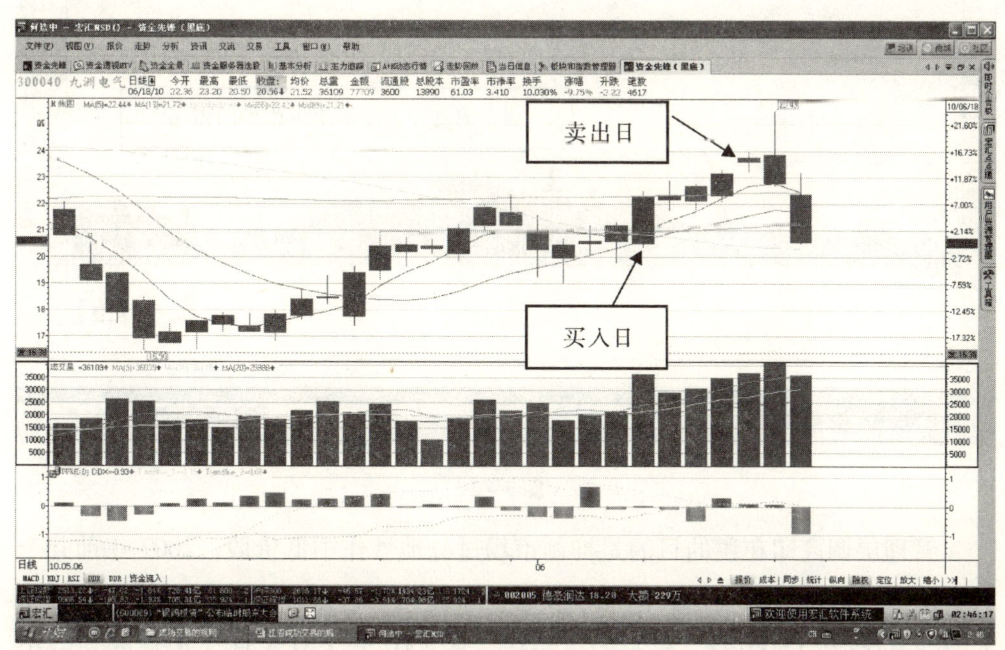

图 3－1

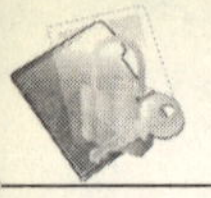

二、市场热点转换是，要敢于及时调整投机方向

在股票市场赚钱，对大的市场方向是不能把握错的。比如2007年大牛市的时候，2007年5月30日，管理层提高印花税的政策，是市场一个大的分水岭。如果作为一个职业投机者，这种大的投机方向都把握不准确，就难以在市场上赚取超额收益。

我们来分析一下2007年5月30日期间的市场情况。

先看图3－2上证指数的走势图，2007年5月29日，管理层突然宣布，调高股票交易印花税，受此消息冲击，2007年5月30日，沪深股市低开且大幅度收低。当天上证指数下跌6.48%，绝大多数的股票都跌停板。

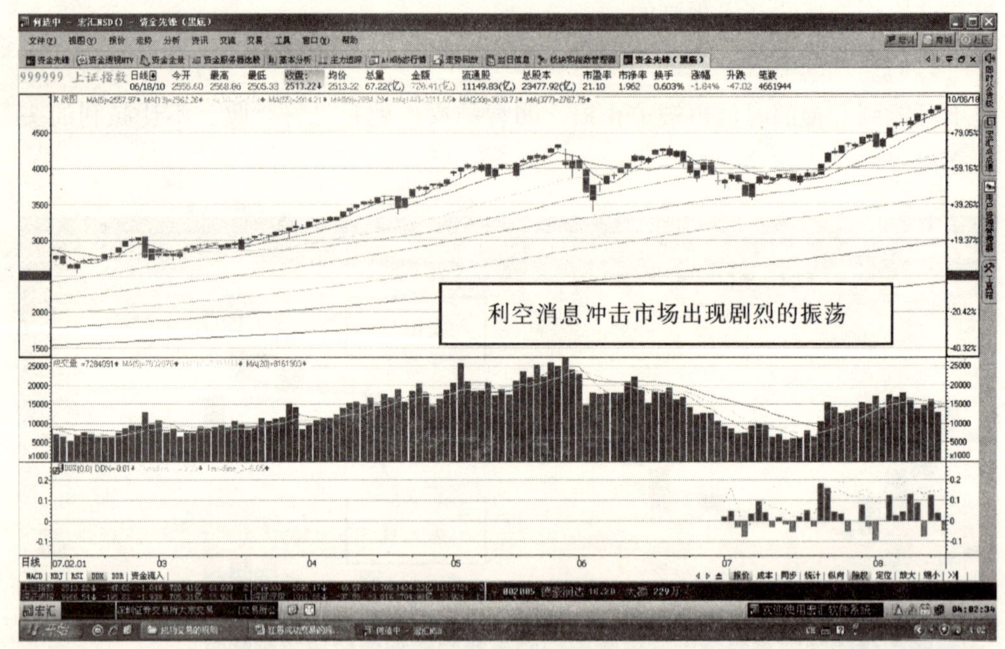

图3－2

管理层调高印花税的目的是抑制市场过分地炒作中低价股。2007年前几个月，沪深中低价股牛气冲天，很多股票在短短几个月内，数倍地上涨。就像图3－3东安动力（600178）这只股票一样，从2007年1月4日（2007年第一个交易日）的4.06元最低位，到2007年5月28日，最高上涨到了13.29元，上涨了3.27倍。走势形态呈现陡直的趋势。

在调高印花税的利空冲击下，东安动力这只股票在短短六个交易日内，就从 13.29 元的高位，一头栽到 7.50 元，跌了 43.56%。

更为关键的是，从图 3－2 上证指数的走势图上看到，2007 年 7 月份之后，上证指数恢复了牛市趋势，继续稳步爬高，但接下来的牛市，似乎跟东安动力毫不相干。上证指数最终上涨到 2007 年 10 月 18 日的 6124 点，比 5 月 29 日的 4335 点高出 41% 还强，但东安动力却未能在指数大幅上涨的背景下继续它的“牛途”。

在这种境况下，如果在 2007 年 5 月 30 日大跌期间，及时获利了结，东安动力有可能由赢利的头寸变成亏损；如果坚守东安动力，虽然股价缓慢回升了一大部分，但却失去了接下来牛市当中其他股票大幅上涨的市场机会。

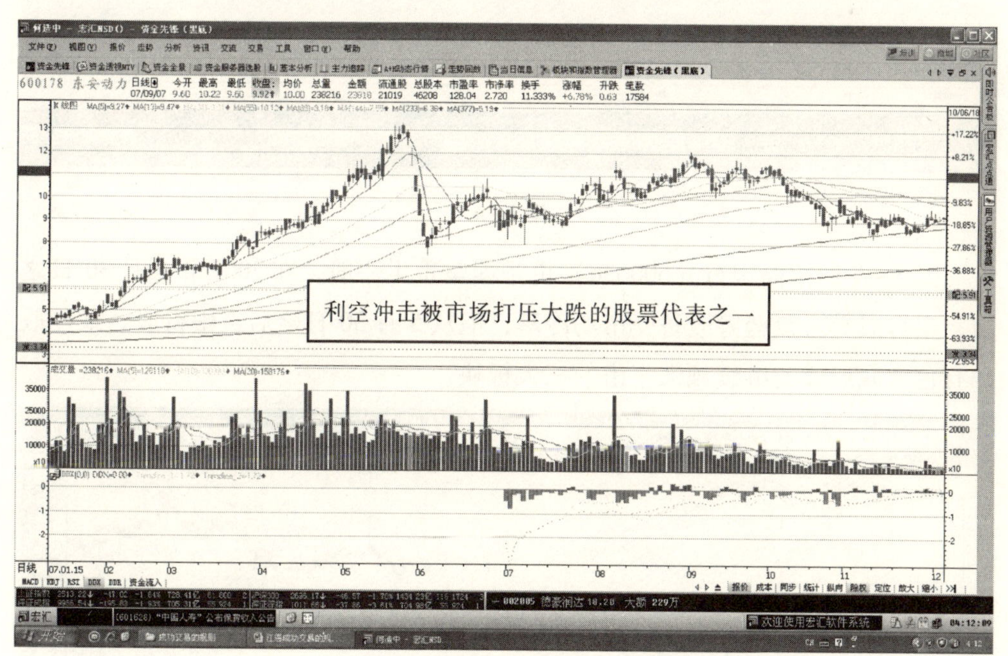

图 3－3

其中万科 A 和招商银行这两只股票就很好地说明了这个问题。在 2007 年 5 月 30 日的调控风波中，万科 A 和招商银行等绩优蓝筹股不但没有受到冲击，相反，市场热点很快转移到了它们身上。如图 3－4 所示，刚刚除过权的万科 A（000002）在 5 月 30 日这天股价小幅收低 0.77 元。尽管随后跌到了 14.90 元的低位，但接下来的几个月，万科 A 从 14.90 元上涨到了 40.78 元，上涨了 25.88 元，涨幅达 173.69%。明显强于大盘的上涨幅度。成为利空冲击因祸得福的收益股票。

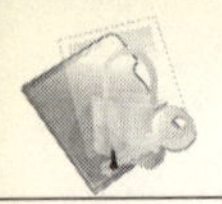

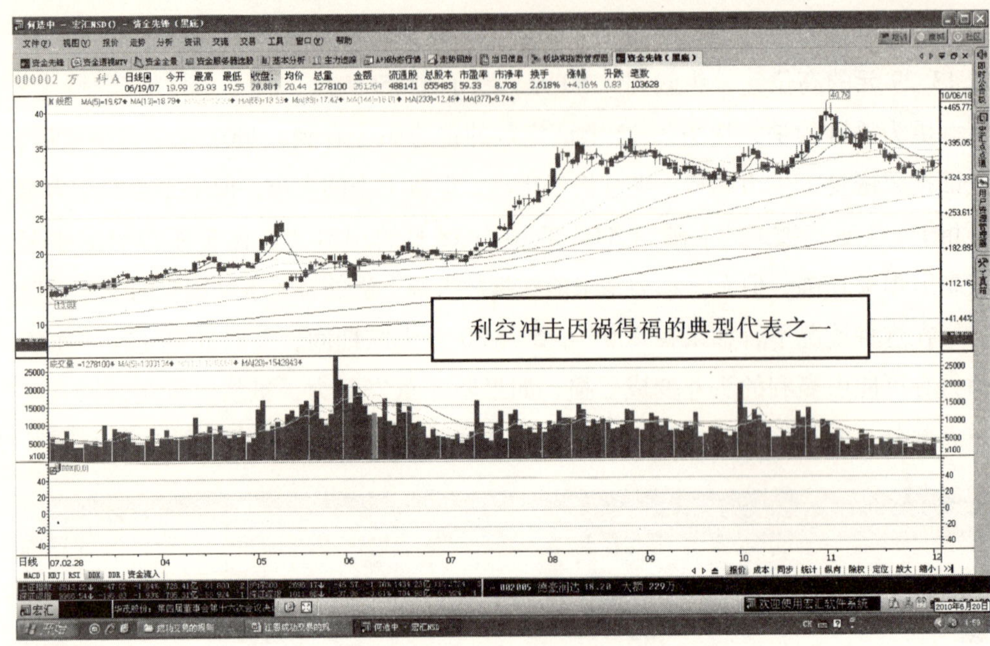

图 3－4

图 3－5 的招商银行（600036）更是涅槃重生一般，在 2007 年 5 月 30 日之前，银行股等大盘蓝筹股备受市场冷落，但从 5 月 30 日之后，银行股、地产股和有色金属股成为继续领涨牛市的三大板块。

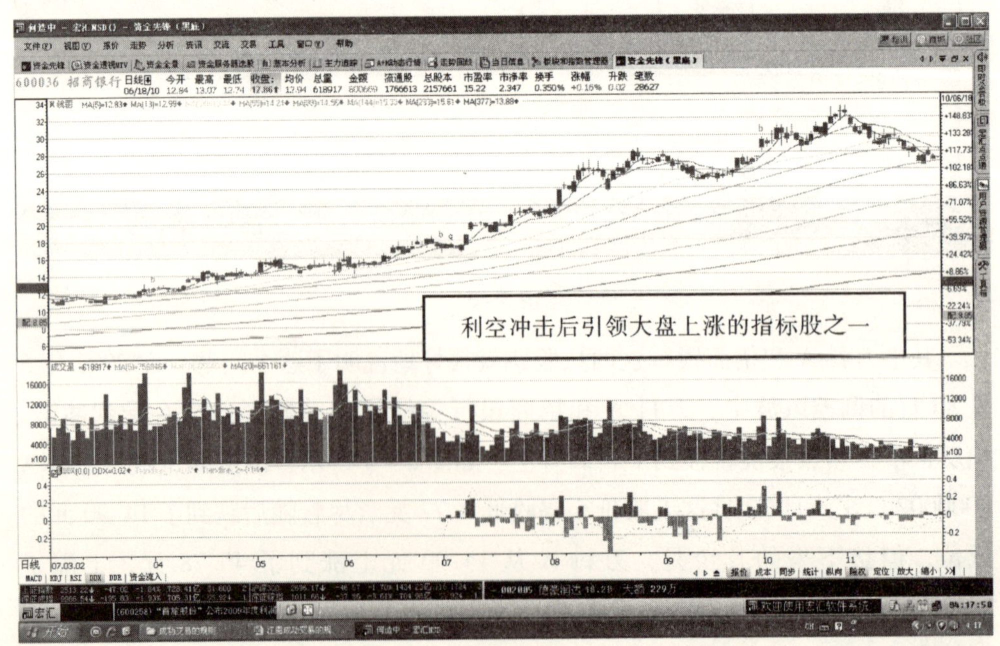

图 3－5

2007 年 5 月 30 日前后一个显著的特征是，之前业绩差、价格低、股本小的股票得到市场的疯狂炒作。之后业绩优良、价格较高、股本超级大的股票引领牛市继续向前。

在这里我想说的是，如果在 2007 年 5 月 30 日没有及时见好就收，如果当时持有业绩差、价格低、股本小的这类股票头寸的投机者，不但有可能由赢利变成亏损，而且也错过了 5 月 30 日之后的业绩优良、价格较高、股本超级大的这类股票的行情。前后收益差可能是几倍甚至十几倍。作为证券市场这种周期性行业，几倍到十几倍的收益差距可是天壤之别呀！2007 年 10 月之后的近三年，股票投机者可是亏多赚少呢！

三、估值偏高之后，要果断抛弃长期上涨的股票

在江恩早期那个年代，股票估值方法还没有流行，但随着格雷厄姆的出现，以及格雷厄姆《证券投资分析》一书的出版和巴菲特的成长，股票价值投资理念开始风行，股票估值方法也成为现在机构投资者的主流投资理念，而作为现在的投机者，有必要了解机构投资者的投资理念，虽然作为职业投机者是不参与机构之间的博弈的，但要知道机构之间是如何博弈的，好从中渔利。

影响股票估值的主要因素依次是每股收益、行业市盈率、流通股本、每股净资产、每股净资产增长率等指标。

股票估值分为绝对估值、相对估值和联合估值。

绝对估值

绝对估值是通过对上市公司历史及当前的基本面的分析和对未来反映公司经营状况的财务数据的预测获得上市公司股票的内在价值。

绝对估值的方法

一是现金流贴现定价模型，二是 B－S 期权定价模型（主要应用于期权定价、权证定价等）。现金流贴现定价模型目前使用最多的是 DDM 和 DCF，而 DCF 估值模型中，应用最广泛的就是 FCFE 股权自由现金流模型。

绝对估值的作用

股票的价格总是围绕着股票的内在价值上下波动，发现价格被低估的股票，要在股票的价格远远低于内在价值的时候买入，而在股票的价格回归到内在价值甚至高于内在价值的时候卖出以获利。

对上市公司进行研究，我们经常听到“估值”这个词，说的其实是如何来判断一家公司的价值同时与它的当前股价进行对比，做出股价是否偏离价值的判断，进而指导我们的投资。

DCF 是一套很严谨的估值方法，是一种绝对定价方法，想得出准确的 DCF 值，需要对公司未来发展情况有清晰的了解。得出 DCF 值的过程就是判断公司未来发展的过程。所以 DCF 估值的过程也很重要。就准确判断企业的未来发展来说，判断成熟稳定的公司相对容易一些，处于扩张期的企业未来发展的不确定性较大，准确判断较为困难。再加上 DCF 值本身对参数的变动很敏感，使 DCF 值的可变性很大。但在得出 DCF 值的过程中，会反映研究员对企业未来发展的判断，并在此基础上假设。有了 DCF 的估值过程和结果，以后如果假设有变动，即可通过修改参数得到新的估值。

相对估值

相对估值是使用市盈率、市净率、市售率、市现率等价格指标与其他多只股票（对比系）进行对比，如果低于对比系的相应指标值的平均值，股票价格被低估，股价将很有希望上涨，使得指标回归对比系的平均值。

相对估值包括 PE、PB、PEG、EV/EBITDA 等估值法。通常的做法是对比，一是和该公司历史数据进行对比，二是和国内同行业企业的数据进行对比，确定它的位置，三是和国际上的（特别是美国和我国香港）同行业重点企业数据进行对比。

市盈率 PE（股价/每股收益）：

市盈率 PE 是简洁有效的估值方法，其核心在于 e 的确定。PE = P/E，即价格与每股收益的比值。直观地看，如果公司未来若干年每股收益为恒定值，那么 PE 值代表了公司保持恒定盈利水平的存在年限。这有点像实业投资中回收期的概念，只是忽略了资金的时间价值。而实际上保持恒定的 E 几乎是不可能的，E的变动往往取决于由宏观经济和企业的生存周期所决定的波动周期。所以在运用PE值的时候，E的确定显得尤为重要，由此也衍生出具有不同含义的PE值。E有两个方面，一个是历史的E，另一个是预测的E。对于历史的E来说，可以用不同E的时点值，可以用移动平均值，也可以用动态年度值，这取决于想要表达的内容。对于预测的E来说，预测的准确性尤为重要，在实际市场中，E的变动趋势对股票投资往往具有决定性的影响。

市净率PB（股价/每股净资）和净资产收益率ROE：PB和ROE适合于周期的极值判断。对于股票投资来说，准确预测E是非常重要的，E的变动趋势往往决定了股价是上行还是下行。但股价上升或下降到多少是合理的呢？PB和ROE可以给出一个判断极值的方法。比如，对于一个有良好历史ROE的公司，在业务前景尚可的情况下，PB值低于1就有可能是被低估的。如果公司的赢利前景较稳定，没有表现出明显的增长性特征，公司的PB值显著高于行业（公司历史）的最高PB值，股价触顶的可能性就比较大。这里提到的周期包括三个方面：市场的波动周期、股价的变动周期和周期性行业的变动周期。这里的PB值也包括三种：整个市场的总体PB值水平、单一股票的PB值水平和周期性行业的PB值变动。当然，PB值有效应用的前提是合理评估资产价值。

提高负债比率可以扩大公司创造利润的资源规模，扩大负债有提高ROE的效果。所以在运用PB和ROE估值的时候需考虑偿债风险。

PE估值法是一代宗师彼得·林奇最爱用的一种估值方法，非常简单实用！方法如下：

个股动态市盈率除以税后利润增长率，结果如果小于0.8，说明这只股票具有一定的投资价值。但是这种方法对周期性行业参考意义不大。所以大家要注意行业选择使用！

通过研究可以发现，商品价格周期性变动的行业，其赢利对商品价格的变动最为敏感。所以，商品价格上升时是确定的投资时机。预期商品价格下降时则是卖出时机。在周期的高点和低点的时候，可以用其他方法来判断是否被高估或者低估。比如，用PB（ROE）等方法判断是否被低估。对于资源类公司，在周期底部的时候可以用单位股票资源价值作为投资的底限。在周期的上升或者下降的阶段，主要参考资源价格的变动趋势。

建立在准确赢利预测基础上的PE值是一种简洁有效的估值方法。估值方

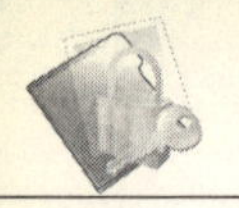

法之间存在相互联系，赢利预测是一切的基础，在此基础上需要综合使用几种估值方法来降低风险。

联合估值

联合估值是结合绝对估值和相对估值，寻找同时股价和相对指标都被低估的股票，这种股票的价格最有希望上涨。

股票估值的意义

帮助投资者发现价值被严重低估的股票，买入待涨获利，直接带来经济利益。

帮助投资者判断手中的股票是否被高估或低估，以作出卖出或继续持有的决定，帮助投资者锁定赢利或坚定持有获得更高收益的决心。

帮助投资者分析感兴趣的股票的风险。估值指数越低的股票，其下跌的风险就越小。估值指数小于30%或给出“立即买入”或“买入”操作建议的股票即使下跌也是暂时的。

帮助投资者判断机构或投资咨询机构推荐的股票的安全性和获利性，做到有理有据地接受投资建议。

帮助投资者在热点板块中寻找最好的获利机会。有些投资者虽然踏中热点，却获利不高。估值帮助投资者在热点板块中找到最佳股票以获得最大的收益。

帮助投资者理解股票信息中对股票价值低估的判断。

目前机构采用的估值方法以相对估值为主，也就是说以EPS（每股收益赢利预测）的市盈率为股价估值。

我们以一只热门股票国电南瑞（600406）为例，来分析一下股票估值。

截至2010年6月19日，共有90家机构对国电南瑞2010年度业绩作出预测，平均预测净利润为3.27亿元，平均预测每股收益为1.10元（最高1.45元，最低0.35元），请看表3-1，预测了2010—2012年三年每股收益和净利润。

表 3-1

机构名称	研究员	2010 年预测	2011 年预测	2012 年预测	时间
中投证券	王鹏	0.71	0.93	1.23	2010-06-08
招商证券	王鹏	0.82	0.98	-	2010-06-08
安信证券	黄守宏	0.85	1.49	-	2010-06-05
华泰证券	许方宏	0.64	0.85	1.18	2010-05-28
国元证券	何鹏程	0.66	0.86	1.15	2010-05-19
民族证券	符彩霞	0.70	1.35	-	2010-05-17
上海证券	牛品	0.64	0.85	-	2010-05-06
华融证券	姜江	1.38	1.79	-	2010-04-30
中金公司	陈华	0.63	0.80	-	2010-04-12
东海证券	宫在轶	1.30	1.78	-	2010-03-29
爱建证券	穆运周	0.67	0.88	-	2010-03-23
浙商证券	史海昇	1.18	1.45	-	2010-03-19
长城证券	徐超	1.20	-	-	2010-02-01
江海证券	张海	1.38	1.82	2.31	2010-01-29
银河证券	沈文春	1.21	1.53	1.83	2010-01-28
国元证券	何鹏程	33600.00	43800.00	58800.00	2010-05-19
华泰证券	许方宏	35800.00	47600.00	66600.00	2010-05-12
民族证券	符彩霞	35900.00	51100.00	69000.00	2010-03-08
中投证券	熊琳	36000.00	47600.00	63000.00	2010-03-03
爱建证券	穆运周	34500.00	44600.00	-	2010-02-03
江海证券	张海	37908.00	50030.00	63507.00	2010-01-29
银河证券	沈文春	30800.00	38900.00	46800.00	2010-01-28
上海证券	牛品	34048.00	48655.00	70145.00	2010-01-28
天相投顾	张哲	31364.00	38536.00	-	2010-01-28
平安证券	何本虎	36290.00	45279.00	56124.00	2010-01-28
申银万国	黄燕铭	32700.00	43900.00	56700.00	2010-01-28
中信证券	刘磊	25000.00	35300.00	46100.00	2010-01-28
渤海证券	李新渠	36500.00	49700.00	64300.00	2010-01-28
招商证券	王鹏	34300.00	41900.00	49000.00	2010-01-27
安信证券	张龙	33210.00	43630.00	-	2010-01-27

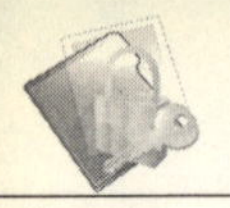

以表 3 - 1 中 15 家机构的业绩预测——2010 年的 EPS 平均值 0. 93 元计算，截至 2010 年 6 月 23 日，国电南瑞股价最高达到 48. 25 元，对应的市盈率为 51. 88 倍。我们认为业绩增长预期已经充分体现，51. 88 倍的估值已无优势，国电南瑞后市可能将步入一个较长期的价值回归走势，也就是说，国电南瑞的股价已经处在价值投机的末端，而这个时候，无疑是要以规避风险为主，所以在操作上，应该采取减持套现。K 线如图 3 - 6 所示。

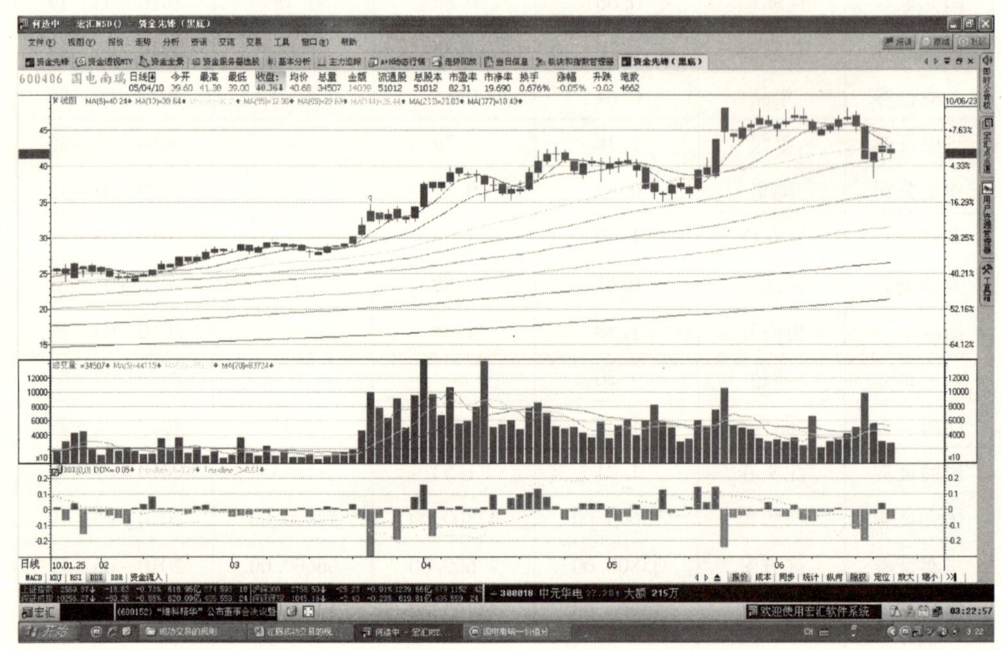

图 3 - 6

估值选股六大法则

所谓估值选股方法，其实就是寻找价值被低估的公司，但问题是普通投资者如何找到这类公司。

大机构有庞大的研发机构，但作为职业投机者，可能只是单兵作战，要长期跟踪数千家上市公司无疑是天方夜谭，而且也不可能熟悉所有行业。因此我们要放弃自己寻找公司的想法，从现有的公开信息中寻找。

目前所有的证券公司都会提供一些研究报告，这些研究报告基本都能在网络上及时阅读到，这为我们大大缩小了选股的范围。但并不是所有报告提到的公司都是可以投资的，以下是几个必需估值选股的过程：

（1）尽量选择自己熟悉或者有能力了解的行业。报告中提高的公司其所在行业有可能是我们根本不了解或者即使以后花费很多精力也难以了解的行业，最好避免选择这类公司。

（2）不要相信报告中未来定价的预测。报告可能会在最后提出未来二级市场的定价。这种预测是根据业绩预测加上市盈率预测推算出来的，其中的市盈率预测一般只是简单地计算一下行业的平均值，波动性较大，作用不大。

（3）客观对待业绩增长。业绩预测是关键，考虑到研究员可能存在的主观因素，应该自己重新核实每一个条件，直到有足够的把握为止。

（4）研究行业。当基本认可业绩预测结果以后还应该反过来自己研究一下该公司所处的行业，目的仍然是为了验证报告中所提到的诸如产品涨价可能有多大之类的假设条件。这项工作可以通过互联网来完成。

（5）进行估值。这是估值选股的关键。不要轻信研究员的估值，一定要自己根据未来的业绩进行估值，而且尽可能把风险降低。

（6）观察盘面，寻找合理的买入点。一旦做出投资决定，就要对盘中的交易情况进行了解，特别是对盘中是否有主力或者主力目前的情况做出大致的判断，最终找到合理的买入点，要避免买在一个相对的高位。

诚如江恩所说，千万不要把利润变成损失。然而，人们经常买进或卖出有很好市场表现的股票，但由于贪婪，希望赚取更多利润，一直满怀期望地持仓观望，等到最后利润变成了亏损。这种亏损可是一件非常糟糕的事情，如此行事的投机者最终是不会获得成功的。始终要想方设法保住资本。

第四章

审时度势，心存疑虑及时退场

股票一旦开始上涨或下跌，就不会因为顾及人们的利益而停下来。如果股票不跟着你走，你就必须跟着股票走。

——江　恩

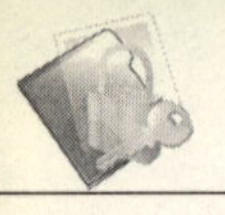

江恩在其著作当中，曾经开宗明义地说："如果买进或卖出一只股票而这只股票并没有马上或者在合理的时间内开始按照自己的判断发展，那就不要再做了。越是坚持、越是希望股市朝着对己有利的方向发展，这一判断就会越糟糕；到了顶部或底部时，总是会做错。接受2、3或5个点的损失总要比满怀希望地持股观望、最后遭受10到50个点的损失好得多。"

江恩这个命题道出的是一个投机者心理学层面的问题。在经典投资理论中，有一个信心随价格波动的信任心理论认为，投机者的信心会随着股票价格的上涨而增强，随着股票价格的下降而减弱。一旦不可能对未来的方向做出准确的判断，人们就应该远离市场，这对于保持投机者的客观性是十分重要的。所以，如果对所做的交易心存疑虑，投机者就应该停止这种交易。当风险和收益难以确定时，永远不要投入一项交易。

我们不要试图抓住市场的每一个机会，也不要根据希望进行交易。从自然本性来说，投机者都想成为市场的完美主义者，所以，市场的参与者都觉得必须把握市场的每一次转机。但是，很不幸，当我们试图去这样做的时候，市场反而会更多地让人们品尝失败的滋味。的确，市场每时每刻都充满着机会，然而，任何一个投资人都不可能充分利用这些机会。事实上，如果我们试图预测每一次价格波动的转机，那么，不仅会遭受挫折，而且会让我们丧失对市场的洞察力。

客观地讲，市场的波动充满诡异，虽然通过专业的知识和长期的经验，对股市的波动会有一定的方向感。但人在希望、恐惧和贪婪的驱使下，会失去审时度势的冷静心态。

比如我们打开一张股票的走势图的时候，看到的都是上下波动的轨迹。虽然从长期来看，股市反映的是公司的内在价值。但从短期来说，它更多地反映的是人们愿意买进的价格，这个价格可能和公司的内在价值有极大差异。凯恩斯在谈到股市时曾说："选股就像是选美比赛，把评委们认为最漂亮的那个选出来，远比选出你自己认为漂亮的那个重要得多。"格雷厄姆也说过：从短期看，股市更像是一个投票器，而非一台称重机。

这就给了我们一个难题，股市虽然可测，但不能精准预测，有专业知识和市场经验的人士，对市场的判断是大概率事件。因为他们可以从基本面和技术面等多层面去分析判断。

就像广州国光（002045）这只股票一样。从基本面看，公司专注于电声行业，历年业绩稳步增长。音响业务为公司几十年来的主营业务，始终朝着做大做强的长远思路发展，在技术上重视声学和电子技术的融合，拥有音响和扬声器产品设计核心技术。目前超过90%的产品出口到北美洲、欧洲、亚洲，拥有包括哈曼、东芝、索尼等长期引领国际市场的大客户，历年业绩实现稳步增长。

2009年公司在日本市场上的业务又实现突破，增加了平板电视机用扬声器的出货，实现了日本区域营业收入大幅提升513.59%，2010年日本订单占比有望从20%提高到30%，美国订单占比50%左右。金融危机加速了全球电声行业洗牌，OEM/ODM市场集中度提高，而目前哈曼等音响巨头仍然维持两位数的增长，公司的相对优势将使国外订单向公司转移，从客户需求特点来看，公司订单出现以下变化：客户订单的涵盖面从单一产品延伸到其他产品；客户订单释放的进程开始加快。因此我们认为未来公司国外市场部分的增长势头是可以维持的，复合增长率有望维持在20%以上。

2009年公司完成了美加、爱威的收购，拥有了威发、爱浪、山水和爱威等自有品牌和1700多家内销渠道终端，公司将按原有的经营方向和产品模式去经营内销市场，完成收购后着手美加、爱威、原国光本部的资源整合，对营销网络建设和管理方面，将投入资金并采取激励措施，调动营销人员的积极性，加快“设计+制造+渠道”的经营结构。接下来，公司计划在全国建设130多家旗舰店，对公司品牌推广和内销市场开拓起促进和支持作用。另外，公司在收购美加和爱威时均有业绩保证条款，决定了这三年品牌业务贡献净利润将保持快速增长态势。

增发项目在产能上对国内市场开拓形成支持。公司增发募集资金3.68亿元，用于投资建设13万套音响产品技改项目，主要针对国内市场，全部达产可新增销售收入约5亿元，销售净利润约5500万元（每套均价按约3800元、销售净利率11%来计算）。目前，公司拥有扬声器、音箱、电子插件及功放成型生产线共有76条，其中42条为音箱生产线，26条为扬声器单元生产线，8条为电子插件及功放成型生产线，音箱日生产能力达到约9万套，扬声器日生产能力达到30万只，电子功放日生产能力达到2万套，目前维持生产设备满负荷运行。

这些基本面的因素我们通过实地调研，可以充分地挖掘出来。同时还可以对公司做出赢利预测：预计公司 2010—2012 年将分别实现营业收入 15.11 亿元、19.64 亿元、24.95 亿元，分别同比增长 45%、30%、27%；归属于上市公司股东净利润 1.71 亿元、2.36 亿元、3.12 亿元，分别同比增长 53.7%、37.5%、32.5%；实现每股收益为 0.61 元、0.84 元、1.11 元，对应 2010 年 6 月 18 日收盘价 17.72 元市盈率分别为 29、21、16 倍。

基于基本面的情况，我们可以从技术面上作出判断，广州国光 2005 年 5 月 23 日上市以来，按道理恰好遇上 2005 年到 2007 年 10 月这轮牛市，又是新股，市场应该充分炒作一下。事实上，在 2007 年年初我们调研完这家公司之后，认为当时买入广州国光的市场机会不大，所以，当时我们没有买入它的股票。果然，该股在这轮牛市当中表现不尽如人意，从复权之后的走势图看，从最低的 2.83 元，最高涨到 2007 年 2 月 12 日的 14.09 元，累计涨幅为 4.97 倍，还不如上证指数同期的 6.13 倍涨幅。

但自从 2009 年完成了定向增发、成功拓展海外市场和顺利整合国内市场之后，这些基本面的转变，对股价的上涨起到了良好的催化作用，我们 2009 年二季度调研广州国光之后，在恰当的价位投机介入。实际的情况是，广州国光从 2008 年 10 元 27 日见底之后，到 2010 年 6 月份，走出了一波长期的牛市。股价从 3.36 元，上涨到 19.90 元，累计涨幅 5.92 倍，同期上证指数最大涨幅从 1664 点上涨到 3478 点，指数只上涨了 2.09 倍。如图 4－1 所示。

对广州国光的投机案例，我们切身的体会是，研究股票需要审时度势，2007 年公司面临内外夹击的时期，并不是好的买入时机。

但 2009 年，广州国光公司发生了根本的转变，这个时候，就需要我们用勇气和胆识去判断，充分发挥专业知识和从业经验的作用。

审时度势就不会心存侥幸，正如江恩所说，希望、恐惧和贪婪是投机的死敌。而事实上，很多投机者却是根据希望进行交易，这无异于为自己挖掘一个精致的陷阱。作业职业的投机者，相信他们买任何股票，都会有自己的投机理由。那么，当最初做出投机决定的理由消失之后呢？许多投机者仍然会坚持原先的立场。譬如，因为看好后市，一个投机者购买了股票，但不幸的是，市场的条件不久就发生了变化，股票价格不断下跌。

然而，投机者却仍抱着等待的态度，期望着市场出现反弹的机会，并假定

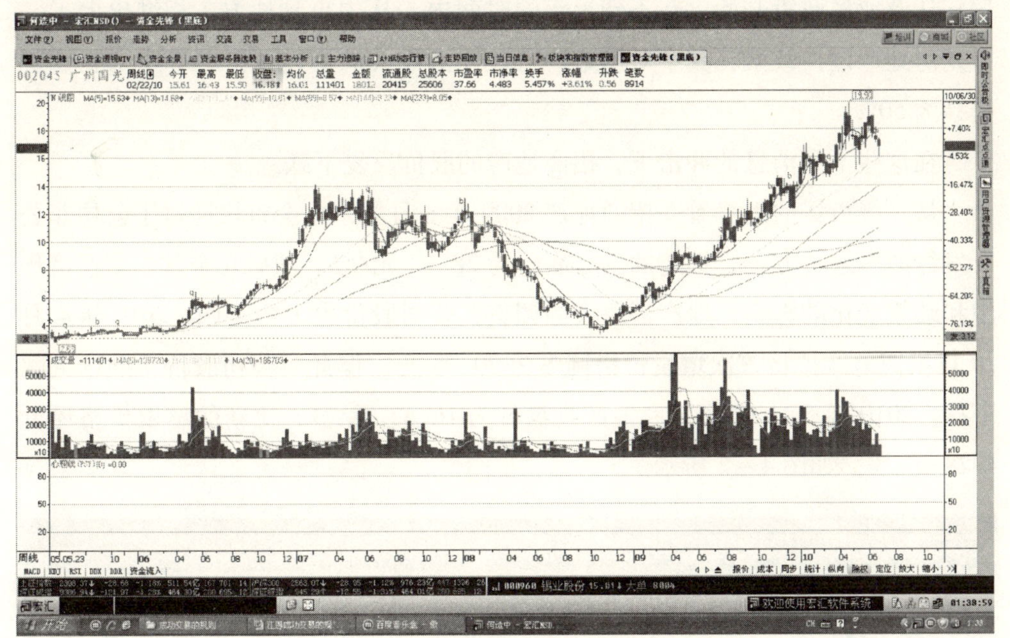

图 4－1

行情早晚会恢复，这是很危险的一厢情愿，因为有些股票根本回不来，甚至得花上数年工夫才能攀升回到成本区域。当损失不大适于认赔时，大多数投机者固执地不愿认输，他们原本可以小赔出场，但却夹杂了太多的情感，一直等待、期盼，直到损失扩大到难以收拾才认赔。

投机者不卖出股票的唯一理由只是希望，对此，市场通常以损失来回报。当投机者发现自己处在这种情况时，最好的方法就是：不要犹豫，立即卖出。永远不要让交易或投资的损失超出所能承受的范围。同样的情况，投机者一有小赚就获利退场，然后紧守住赔钱的股票，这种做法刚好的和正确的投机方式相反。

血淋淋的教训用在招商地产这只股票上，可谓一点也不为过。

首先，公司无奈地公布放弃定向增发，2010 年 5 月 13 日公布，受经济环境和政策变化影响，资本市场地产板块调整显著，公司股价持续大幅下调。鉴于此，公司董事会拟同意撤销本次非公开发行的股票方案，并将该议案提交股东大会审议。同时，董事会决定公司第六届董事会第十三次会议审议通过的与本次非公开发行相关的四个议案不再提交股东大会审议。

其次，政府对高房价大力调控，从 2009 年 12 月 23 日，中国财政部调整住

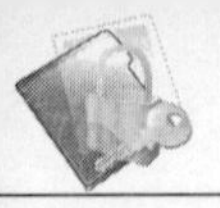

房转让营业税政策开始，在不到半年的时间内，从中央到地方，相继出台了一系列房地产调控政策，其中对房地产行业冲击最大的莫过于将二套房贷款比例提高为50%。

在这些不利消息的冲击下，招商地产的股价反复下跌。

从二级市场的走势看，招商地产2009年8月股东大会审议通过了公司非公开发行的再融资方案，锁定的发行底价为28.12元/股。随后几个月，受经济环境和政策变化的影响，地产板块大幅调整，公司股价也大幅下调。2010年4月20日招商地产拟将该次增发价格调整为20.60元，但此后公司股价又继续大幅下挫。2010年5月12日招商地产收盘价为16.32元/股，比新的增发价格还低4.28元/股。如图4－2所示。

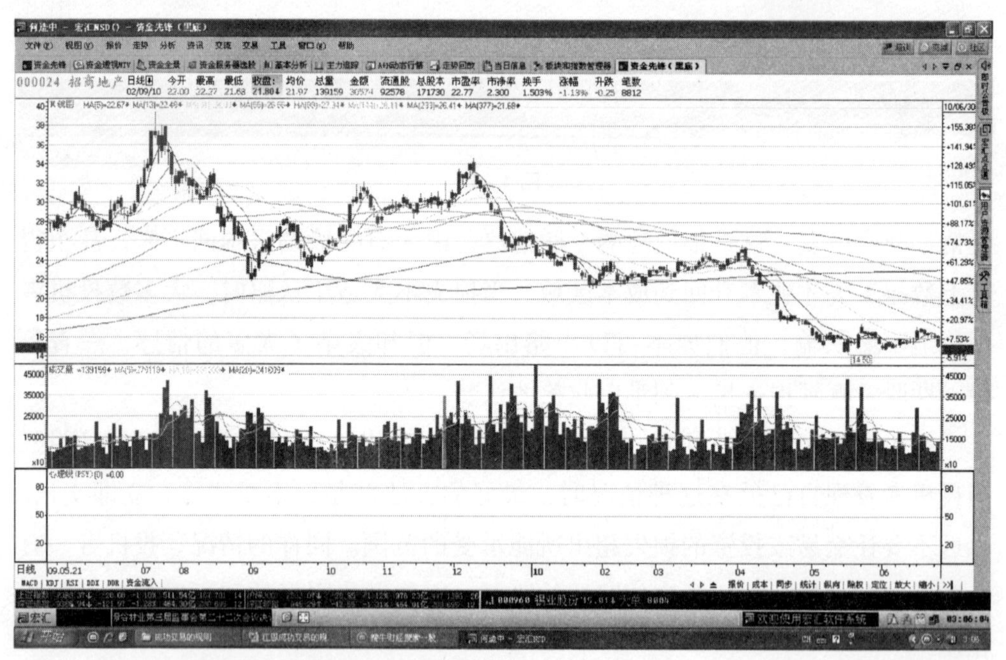

图4－2

此时此刻，如果还不认输，亏损将进一步加大，截至2010年6月29日，招商地产收市价为15.14元。从招商地产这个案例可以看到，当投机理由变化之后，应该果断地判断是留还是走，而不应该抱有希望。如果审时度势就不会心存侥幸。

股票投机，需要审时度势，根据自己的独立判断而行动。

投机者在采取行动之前了解一些别人的观点，对于形成自己的独立判断也是有好处的。但是，没有主见的投机者很容易受到别人意见的影响。当我们倾向于某种态度时，就会试图在传媒提供的信息中寻求支援，对那些与自己的立场相同或相似的观点，我们会更乐于接受；对那些与自己的立场对立的观点，我们会试图加以排斥，甚至于以有意无意地忽视。我们总是倾心于那些同意我们观点的人。在多头市场中，利多会被无限放大，而利空会被无限缩小；在空头市场中，利空会被无限放大，而利多会被无限缩小。投机者应该明白，自己是钱袋的主人，因而，也是最终的决定者。我们应该根据自己的判断，而不是别人的意见采取行动。

股市投机的韵律是高抛低吸，但很多投机者对高抛低吸这个韵律知易行难。一个成功的时机把握者，一定是一个逆市运动者。

但通常伴随着价格的上扬，投机者的信心也随之增加，消息面也会趋于乐观，于是投机者会感到更加放心，然而市场的风险却在提高。另一方面，当价格不断下跌，投机者的恐惧感会愈益增强，投机者反而会更加担忧，其实，这时市场风险已大为释放。这正是投机者与市场之间的一个悖论，掌握其中的奥妙是投机者获得成功的关键。但是，在市场看起来牛气十足之际，敢于抛售股票；在市场熊气弥漫之时，勇于承接股票，的确需要非凡的勇气和信心。正确的买入时机应是当你感到买入的举措很古怪、冒险、不确定的时候。当公众都有自己的投资观点以及激动人心的理论时，你得卖出手中的股票；当公众陷入极度恐慌、幻想纷纷破灭的时候，你应把股票买回来。

比如2007年，当上证指数突破5000点的时候，市场情绪普遍乐观，不少人士开始放眼万点。尤其在金融、地产和有色金属等权重板块的带领下，以及“价值投资”理念的伪装下，市场达到近乎疯狂的境地。这在江恩的理论当中认为，市场风险在不断积累，但投机者的眼睛都被乐观的情绪遮住了。所以，当2007年10月份，上证指数创出6124点历史高位反转下行的时候，几乎没有几个人认为，那就是牛熊市的拐点。

当全球股市在美国金融海啸的拖累下，走势一遍狼籍的时候，市场悲观的情绪又被放大，上证指数接连跌破4000点、3000点、2000点等整数关口。尤其在跌破2000点的时候，市场的主流声音都把上证指数看到1000点。最后2008年10月28日最低探到1664点的时候，也没有几个人相信，一个长期的底部已悄然形成。如图4-3所示。

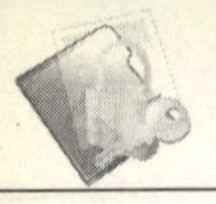

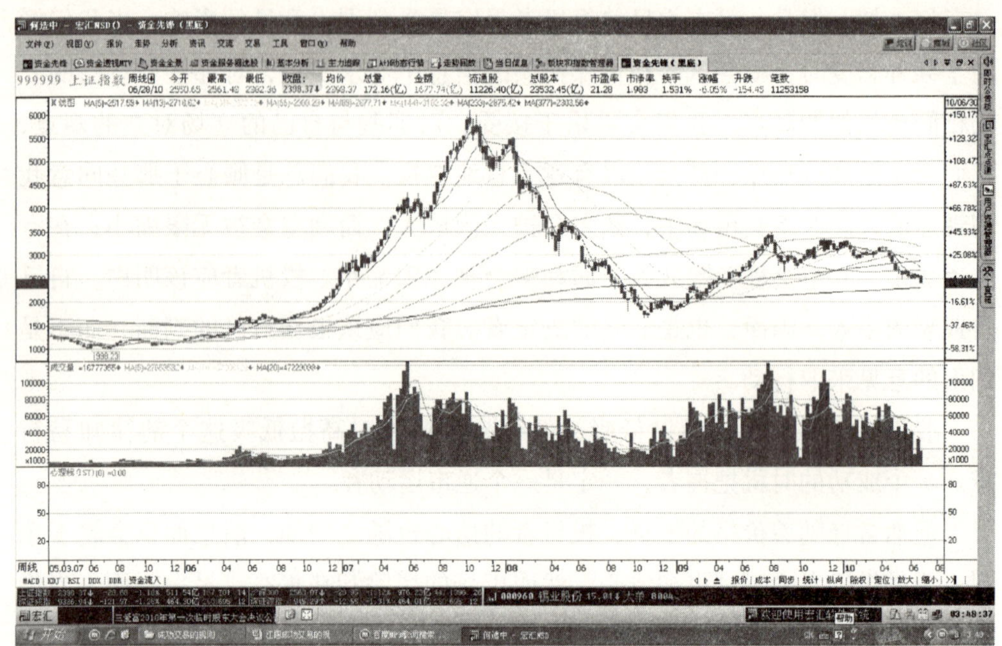

图 4－3

个股表现也是如此，譬如白云山 2009 年 11 月份的疯狂，在短短 9 个交易日，股价就从 8.16 元上涨到 16.65 元，足足翻了一番。疯狂的代价，就是一些人在高位去“击鼓传花”，谁接到最后一棒，谁就要遭受重大的亏损。从 2009 年 11 月 18 日当天 24% 的换手率来看，接最后一棒的人的确不少。如图 4－4 所示。

股市既是一种输赢活动，又是一种心智活动。因此它很具刺激性。但是若把刺激变为频繁交易，就会患“市场病”。因为在多头行情中，多数股票都会涨一段时间。若频繁交易，就会因小失大，使人失去方向感和趋势感。而在空头市场中，多数股票都会跌一段时间。若频繁交易，就如刀口舔血。总之，频繁进出，既增加了交易成本，又会使你丧失合理的时间架构，更容易会在波段顶部或底部因贪婪或恐惧而铸成大错。因此，交易次数必须适度。理想的做法是，做成一个波段后就稍事休息。

因为，一个人不论才华如何出众，都无法永远保持绝佳状态，都有循环周期，风水会轮流转。所以，经过一个阶段的成功，务必稍做休息、调整心态。尤其是大盘刚从波段顶部回落，即在下跌抵抗区或下跌休息区，多数人总指望再创新高，误把反抽当作主升浪开始，而去增加仓位，这是最容易失掉已有成

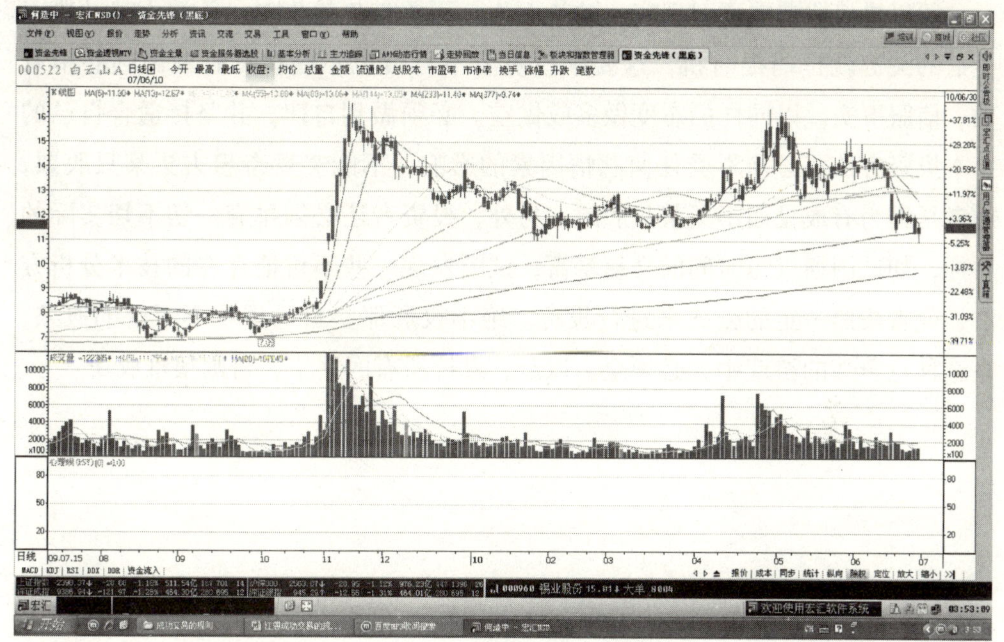

图 4－4

果的时段。事实一再证明：不会休息的投资者，就算不上一个成功的投资者。江恩也多次强调懂得休息的重要性。

审时度势还需要经常分析自己的错误。

因为人在成功的时候，总是认为自己高明，而很少归结为运气。但是，人在出错的时候，总是以运气不佳为借口，害怕承认错误、分析错误，以致以后重蹈复辙。成功的投资者不会总是在连连亏损后才检讨自己的错误，而是能从一次错误中面对现实，分析原因、吸取教训、采取措施、避免重蹈覆辙。因为，错误是伟大的导师，它会使人变得聪明起来，成为迈向成功的阶梯。

江恩在他的著作中还强调，股票一旦开始上涨或下跌，就不会因为顾及人们的利益而停下来。他让我们千万要记住吉姆·吉恩说过的话：如果股票不跟着你走，你就必须跟着股票走。始终都要跟着潮流走，绝对不要逆潮流而动。如果站在铁道上看到一列火车以 60 英里（1 英里＝1.609 公里）的时速朝你飞奔而来，你会站在原地希望火车在撞到你之前停下来还是希望自己没准能够把火车撞出轨吗？当然不会。你会很快地从铁道上跳出去。要么让它从身旁掠过，要么就飞身而上，体验驰骋的快乐。在股市上，也应该如此行事——退出。

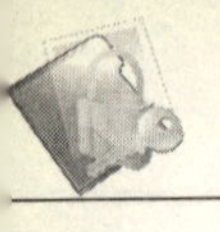

所以投机股票要面对现实、顺势而为。不要与趋势作对，认清大势。股市生财的关键就是捕捉时机，这要求投资者不盲目也不固执，时刻做到心中有数、信服事实。以同样的态度做多或做空。必须做到自律，并坚持适合自己的基本投资方法。必须不受任何感情因素的影响，不能突发奇想去买某只股票，或者是因为有成见而不买某只股票。另外，投资者还必须抛弃一切不切实际的目标，如试图通过短时间的交易暴富，试图发现一些不可能存在的技术分析方法，或者按照一定的公式来进行投资。绝不投资那些自己根本不了解的股票，在这种竞争性的游戏中，必须全力以赴，发挥所有的才华，否则很难成功。

第五章

逐强避弱，选择活跃股票交易

只有在大幅振荡的股票当中进行交易才能取得超额收益。赚取超额利润靠的不是股息而是股价的振荡。在大幅振荡的活跃股中进行交易才有价值。

——江　恩

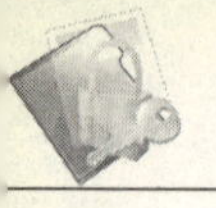

江恩提出：始终要把自己的交易限制在纽约证券交易所最为活跃的股票中。虽然别的股票也有价格突然高涨的时候，但从长远来看，活跃的领头股会带来更为丰厚的利润。在纽约证券交易所进行交易的股票买卖始终兴隆，只要愿意随时都可以人市和退出。同一类股票不会长时间地一直充当领头股。全国经济形势的变化会使某一类股票在一段时间内领头，然后就会落在后面，这时候，其他类的股票就会成为领头股而成为公众的新宠。

在我国的沪深市场也呈现出同样的规律，而且这个规律似乎放之四海而皆准。

从2005年6月份的牛市以来，到2010年6月份，我们来看看这五年间，各个时期都有哪些活跃的股票，同时分析一下它们活跃的背景，从中理出一条可供参考的投机思路。

2005年6月份是沪深股市长期熊市的结束点，结束了长达四年的熊市，开始了中国股市全胜时代。在牛市的初级阶段，受熊市思维的影响，刚开始上涨的股票，都是一些有安全边际的上市公司。原因是，市场还用熊市的习惯性思维来分析股票。大家都追求有安全边际的个股。

当时的市场背景是，投机者都在寻找“安全”的股票。在“安全测试”中，资产、收益、估值、对价四方面的股票具有较高的“安全边际”。表现在：流动性资产提供安全资产；与消费关联的公司提供安全收益；低于全球估值水平的行业提供安全估值；稳定的优质公司补偿方案提供安全对价。另外，股权分置改革全面推开后，为市场提供了战略性资产。其中，显性重估资产（包括现金、地产等），隐性重估资产（包括银行、枢纽、渠道等）以及并购中的小公司价值，这些板块能够在并购和周期拐点提供超额收益。

符合安全边际逻辑的股票主要有：友谊股份、益民百货、新世界、武汉中、百宇通股份、上海汽车、江铃汽车、国电电力、国投电力、上海机场、白云机场、山西汾酒、贵州茅台、双汇发展、伊利股份、云南白药、同仁堂、锦江酒店、桂林旅游、石油济柴、振华港机、沪东重机、江钻股份、晨鸣纸业、华泰股份、招商银行、浦发银行。

这些股票在2005年牛市的初期阶段，大部分都率先走出了明显强于大盘和同行业其他股票的较好行情，是当时名副其实的活跃股。

2006年是牛市的发展阶段，2006年6月，上证指数还在1600点上下横盘时，比较乐观的人上看到2000～2245点，没想到年底的最后一周指数大涨了300多点，将指数撑高到2700点上下，更不用提2006年年初大部分人的看法，当时看到1600点的人已是非常少，并且被认为太过乐观，因为1300点的大压力能否突破还是一个大问题，尤其对于股改产生扩容的现象，大部分人还是相当担心，当时人心还是处在相对悲观和保守的阶段。如今一回顾起来，简直是相差十万八千里，可见真正的大牛市都是出乎一般人预料之外的。兵法说，“出其不意，攻其无备”。大行情出现时，很多人心理都缺乏准备，因此到年底统计，95%的投资人仍然跑输给大盘，有30%的人仍会亏钱。这其中的关键是大家过去的投资经验已不管用，必须全盘更新其盈利模式和心智模式。

2006年是股改最集中的年份，所以，当年最为活跃的股票，是一批股改方案较好的公司。

2007年，在人民币升值、流通性过剩、业绩超预期和价值重估等综合利好的支撑下，沪深股市继续向上。其中最为关键的因素又是流通性过剩推动牛市向纵深发展。外围市场的牛市始于2003年，由泛滥的流动性所推动，跟随流动性过剩的是资本市场的上涨、资产价格的持续上涨。

就国内而言，一季度的M1、M2增长超过了央行的预期，尽管近期内央行有收紧流动性的要求，但国内经济结构的产能过剩和外贸的强劲增长，加上将在近期内释放的巨大潜在产能，使得货币在实体经济中传导不畅，庞大的M2没有体现在终端物价上，在拉低CPI过程中，也不断挤压资金离开实体经济。加上为抵御人民币快速升值压力，金融体系利率需要长期维持在较低位置，即使紧缩，其力度也会在一定范围内，并且过程也是渐进的。

我国流动性过剩局面已是不争的事实，在因宏观经济结构失衡所导致的流动性过剩难以消除的情况下，资金必然要进一步流入资本市场，进一步推高市场价格。

2007年，市场交易异常活跃，很多股票大幅上涨，特别是地产、有色、消费品、工程机械、水泥、汽车、银行类等股票。

2008年是一个单边调整的年份，市场基本没有交易的机会。

2009年上半年市场以反弹为主，下半年以高位盘整为主，经济复苏是全年的投资主题，在这个背景下，上半年地产、煤炭、有色又相继成为市场领涨的活跃股票。下半年，新兴产业振兴规划出台，新能源、生命科学、电子信息、

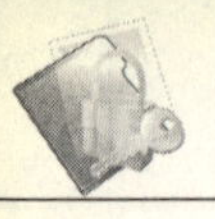

海洋工程、新材料等行业类的股票成为市场最亮丽的风景线。

2010 年上半年，市场基本沿着新兴产业振兴规划和区域振兴规划两条主线股票交易，尤其是新疆、西藏新能源两个部分的股票机会较多，其他股票没有太大的市场机会。

基于上面这些背景，我们主要来介绍明显引领市场的几个行业。

一、机械制造：奇迹不断创造，谁与争峰

从中国集装箱行业的奇迹说起，众所周知，20 世纪 90 年代以来，中国集装箱制造和集装箱起重行业中诞生了两家世界级的企业，即中集集团和振华港机。从公司 A 股上市到 2006 年中期，中集集团股价上涨了 21 倍（历时 12 年，下同），总市值由 9 亿元增加到 325 亿元，增长 35 倍；振华港机股价上涨了 4.5 倍（历时 5 年半，下同），总市值由 64 亿元增加到 304 亿元，增长 3.75 倍。

世界经济发展史表明，没有强大的制造业就不可能有经济强国的崛起，中国以装备制造业为突破口加快缩短与发达国家的差距。

（1）中国目前尚不能称为真正的“世界制造业中心”，但重化工业发展的趋势已十分明显，经过 50 多年特别是改革开放 20 多年的发展，我国已形成了具有一定技术水平、比较完整的制造业体系，制造业规模居世界第 4 位，完成了产业扩张的第一个阶段，并被称为新的“世界工厂”。但是，不能认为中国已经是“世界制造业中心”。因为从总体看，在全球制造业的生产链上，中国企业只处在中低端，从中国的综合国力、制造业的素质和竞争能力，特别是拥有的自主核心技术看，与世界经济史上被称为“世界制造业中心”的英国、德国、美国和日本相比，还有较大差距。当今世界上制造业第一强国是美国，第二强国还是日本。

（2）大力振兴装备制造业是中国走向经济强国的必经之路，且时机成熟。作为关乎一国安全的装备制造业，其发展水平成为该国工业水平、科技水平的综合体现，是国家经济实力和竞争力的集中代表。随着微电子工业的出现，传统机器设备与自动控制系统相结合，数字化、网络化迅速发展，装备制造业又进入一个空前活跃的发展时期。可以说，哪个国家能够在某个领域制造出效率更高、性能更好的技术装备，哪个国家就能在这一领域占领市场竞争的制高

点，就能在有关产业和经济发展上取得骄人的成就。我国到2020年实现全面建设小康社会的奋斗目标时，人均GDP将达到3000美元。国际经验表明，这一时期是实现工业化的关键时期，资本和土地资源等传统生产要素对经济增长的贡献率会出现递减趋势，而体制创新、发展模式创新和科技创新将日益成为推动经济社会发展的重要动力。因此，大力振兴装备制造业，是党的十六大提出的一项重要任务，是树立和落实科学发展观，走新型工业化道路，实现国民经济可持续发展的重大战略举措。

我们从中国机械工业增加值与GDP增速对比看，中国机械工业增加值1999年前是低于GDP增速的，但1999年之后呈现加快趋势，2002年快于GDP增速1倍，2003年为1.6倍，2006年上半年同期增速达到32%，快于GDP近2倍。因此，振兴装备制造业时机完全成熟。

（3）中国具备产业升级的重要条件。

其一是优越的宏观环境。中国是一个独立自主的国家，政治稳定、发展迅速、市场巨大、成本低廉、劳动力素质高。目前中国汇集了全球190多个国家和地区数十万的企业，国际市场国内化，这为中国企业足不出户就参与全球竞争提供了便利的条件，为中国企业未来的国际市场开拓积累了丰富的经验。同时，中国企业由于有本土作战优势，可以在自身实力具备的时候再行开拓国际市场。而且中国企业几乎可以在家门口找到世界上任何一个国家的合作伙伴，为中国制造近距离参与世界生产链提供了契机。利用中国庞大的市场，部分企业已实现从技术模仿到技术自主创新的跨越。尽管一些发达国家对中国采取技术封锁，但为了占领中国庞大的市场，跨国公司目前纷纷向中国转移生产，投资规模不断扩大，技术含量越来越高。中国企业完全可以选择新的赶超路径，依靠引进先进技术，加速研发和参与国际合作以缩短赶超时间。

其二是中国振兴装备制造业15年内造就了一批新绩优蓝筹公司。

根据国家发改委的权威报告，“十一五”时期将加快装备制造业的投资力度，使其每年将以50%以上的速度增长，到2010年装备制造业的投资额将达到2.85万亿元人民币，占全社会投资额的10%。中国企业面临很大的行业发展空间事实上，机械制造业区域间的转移是有规律性的，一般是从先进工业化国家逐步向后起工业化国家转移，从高成本国家向低成本国家转移，90年代以来日本—韩国—中国之间制造业的转移趋势是十分明显的，例如，集装箱制

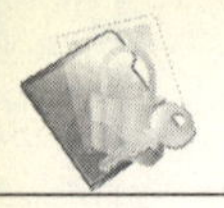

造、集装箱起重、工程机械、造船工业等，只是转移的时期阶段不同而已。我们从部分行业发展阶段情况看：①成熟期：集装箱制造、集装箱起重等，中国企业占有全球60% ~90%的份额。②加速发展期：工程机械、造船工业、起重运输设备等，中国企业占有全球约10% ~20%的份额。③发展初期：数控机床、高速铁路设备、大型石油化工设备、高度自动化控制系统等，中国企业占有全球不到10%的份额。④萌芽时期：民用飞机、发动机等。总之，中国装备制造业正面临着前所未有的历史机遇，龙头企业将充分获益。从国内龙头公司国际份额和总市值的对比中可以看到具有很大的发展潜力。

在机械制造行业，为中国股票留下浓重一笔的是中国船舶（600150）。从二级市场来看，该股股价2003年11月份就见到了5.02元低点，在2004年和2005年上半年逆市温和上涨了一个波段之后，2005年下半年到2007年10月份，中国船舶成为中国股市真正的王者，是近年来第一只达到300元股价的股票，是2005年到2007年累计涨幅最大的股票，达60倍。如图5－1所示。

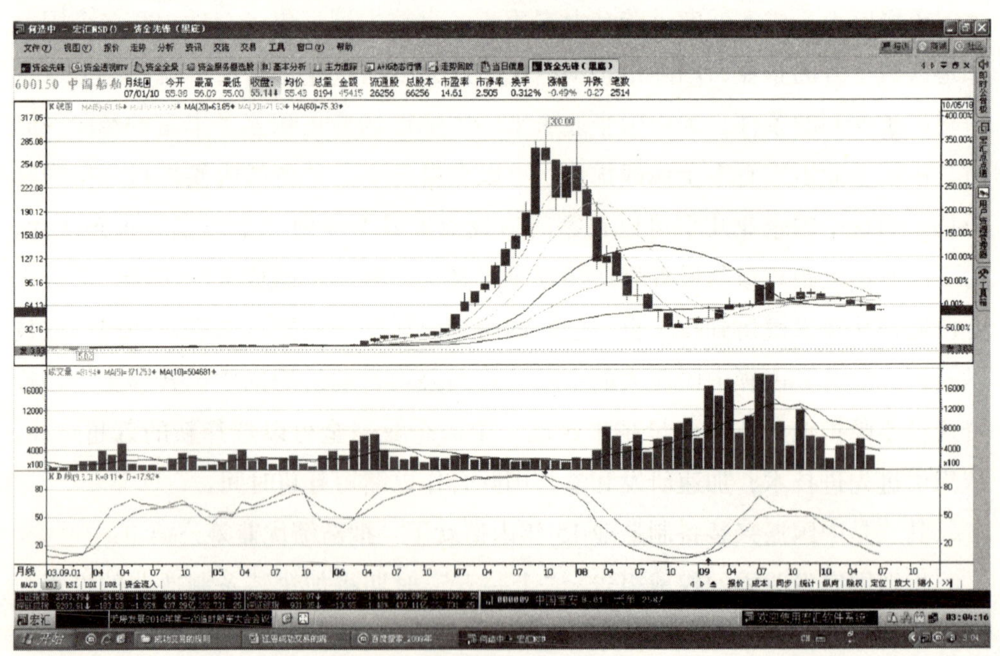

图5－1

2005—2007年，机械制造类股票无疑是最活跃的股票，如果投机者认识到了这点，买了这个行业的股票，收益目前强于大盘和其他绝大部分行业的股票。在本书第六章我们还将探讨到这个行业和这个行业的其他股票。

二、行业加速整合　铸造一批地产龙头

城市化率加速增长，城市人口增速世界领先。2005 年中国的城市化率已达到43%，城市人口增长率远远高于全国人口增长率，也处在世界领先水平，但城市化率相比工业化国家仍然很低，未来仍有很大的增长空间。按照中国的人口增长计划，中国的城市化率年均增长 1 个百分点，到 2020 年城市化率将达到60%。在城市化进程中，农村劳动力会加速向服务业和工业转移，在这个转移过程中，将会增加对城市住房的需求。未来 20 年是中国房地产发展的黄金时期。

根据世界银行研究报告，一国住宅产业在人均 GDP 为 300 美元时开始起步；至 1300 美元时，进入稳定的快速增长期，至 1500 美元时达到增速的峰值，一直到 8000 美元时才进入平稳期。世界各国经济发展的历史表明，当人均 GDP 超过 1000 美元时，进入消费升级阶段，大宗商品如房屋、汽车和品牌产品的消费需求旺盛，并推动自身经济的高速增长。中国自 2001 年人均 GDP 过1000 美元，开始带动一系列的大宗商品的消费。2003 年，我国人均 GDP 为1270 美元/人，住房消费开始进入快速增长期，2005 年中国人均 GDP 已超过1500 美元/人，住房消费增速超过 20%。2001 年中国房地产消费市场的兴旺拉开了中国进入消费升级周期的序幕。

城镇化、居住条件改善、人口增加及家庭结构变小是带动未来中国住宅需求增长的决定性因素。据建设部数据，预计未来 10 年，房地产行业年均复合增长率将为 13.1%，未来 20 年中国房地产业将处于高速发展期及稳定增长期。

人民币升值的经济背景与 20 世纪六七十年代的日本和 80 年代我国台湾非常相似。即，经济高速增长→出口保持大幅增长→巨额贸易顺差→外汇储备大幅增长→贸易摩擦不断→升值压力日益加重→汇率预期升值（政府干预外汇市场）→套汇热钱流入以及银行体系货币供应宽松（低利率），基础货币投放量保持较高水平。货币供应保持高速增长的两个主要因素是：其一，经济高速增长，企业信贷需求强烈；其二，外汇储备大幅增长，央行被迫投放大量基础货币。后者引发流动性过剩，导致不可贸易资产如房地产有强大的重估动力。与80 年代中期日本强力刺激住房消费不同的是，中国目前已采取较为严格的住房

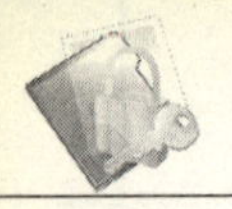

抵押贷款制度以及相对稳健的货币政策，在一定程度上会有效压制流动性泛滥对资产重估的空间。

行业加速整合为优势地产公司提供了历史性发展机遇。2005 年，中国房地产 100 强企业的市场份额（18%）迅速提高，较 2004 年提高 5 个百分点，但与美国相差甚远，美国前五位开发商的市场占有率为 13%，其最大的房地产公司帕迪尔的市场份额为 5%，而中国房地产老大万科的市场占有率只有近 1%，说明未来中国房地产优势公司发展潜力巨大。

2005 年年底，万科制定了 10 年战略目标，10 年后，销售额 1000 亿元、利润 100 亿元、市场占有率 3%、销售面积 1400 万平方米。根据目前万科年 120 亿元销售额的情况来看，万科将会缩短实现上述目标的时间。目前，我国房地产企业众多，规模偏小，产业集中度低，资金实力小，与发达国家的地产大户相去甚远。客观上存在优胜劣汰、产业整合的基础。

中国房地产行业加速整合的过程中优势实力房产上市公司将主要通过并购整合来实现市场占有率的提升，美国最大的房地产公司帕迪尔的市场份额（5%）的提升就主要由行业并购整合获取的。

中国房地产行业已经开始了行业洗牌的进程，一些靠非市场手段生存的企业已被严格的土地政策淘汰或整合，偏紧的货币政策使中小规模公司被迫退出竞争，形成的市场空白吸引了实力公司的进入，而银行更偏向支持实力公司，这使房地产公司逐步走向质量、品牌与资本的竞争之路。房地产上市公司的资产负债率（62.5%）远低于行业平均水平（76%，其中开发资金的 50% ~70% 来源于银行贷款），优势房地产上市公司具有非上市公司无法比拟的资本市场融资优势，特别是国家房地产宏观调控，加速了市场资源、市场份额向优势房地产上市公司的集中。

中国超过 30% 的房地产上市公司的赢利能力处于加速上升期，近两三年净利润复合增长率超过 30%。未来房地产股还将是引领中国 A 股市场的核心板块，是未来 10 年或更长的时间里最赚钱的公司。在行业发展前景光明的背景下，我们中国优秀的房地产上市公司如万科、招商地产、金地集团、泛海建设、保利地产、金融街、中粮地产等股票涨幅惊人，是名副其实的活跃股票。

比如说，招商地产（000024），就从 2005 年 6 月份的 3.37 元，上涨到 2007 年 10 月份的 68.10 元，累计涨幅达 20.20 倍，如图 5 - 2 所示。

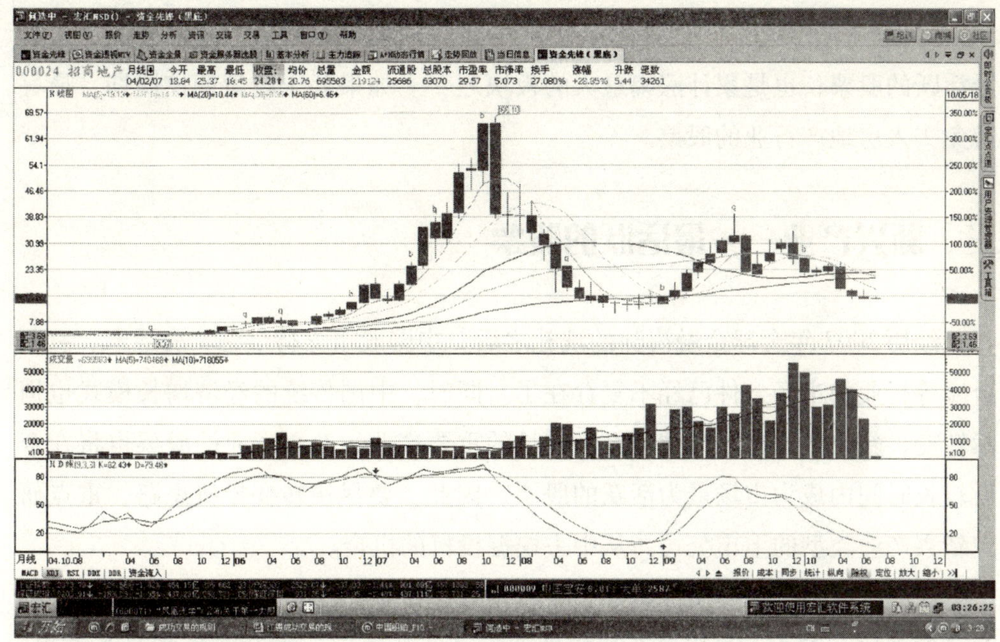

图 5－2

金地集团（600383）就从 2005 年 6 月份的 0.60 元，上涨到 2007 年 10 月份的 15.46 元，累计涨幅达 25.76 倍（两只股票的 K 线图都做了除权处理），如图 5－3 所示。

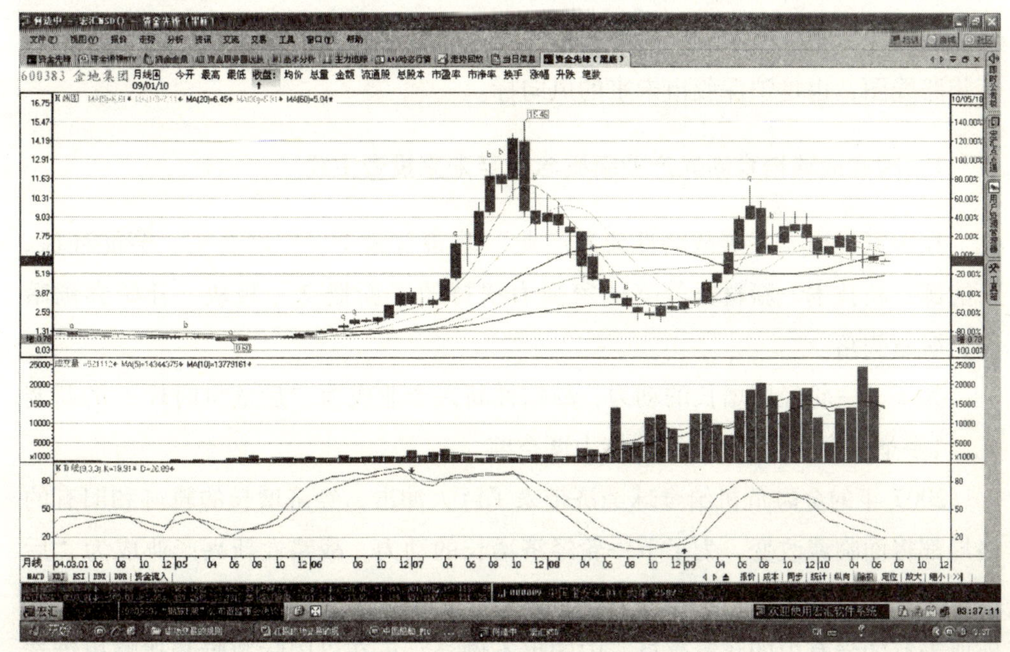

图 5－3

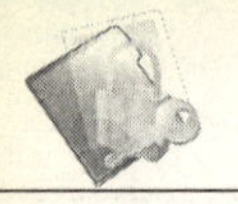

房地产行业作为一个强周期行业，当景气周期来了之后，往往会成为市场最活跃的股票，也是累计涨幅最大的板块之一。如果处于政策调控周期，最好避免买入房地产行业的股票。

三、新兴产业——最活跃的股票

经历2007年全球金融海啸的洗礼之后，中国股市支持金融、房地产、有色金属等行业的市场条件已经不复存在了。同时，中国传统的经济增长模式也悄然转变，新兴产业将成为拉动经济增长的重要产业，新兴产业的股票也将在今后较长时间内成为市场最为活跃的股票，因此，要尽快转变投机思路，重点研究新兴产业类型的上市公司，从中去挖掘投机的机会。

新兴产业的真正实质性利好，将以国家发改委、工信部、财政部等多部门起草的《国务院关于加快培育战略性新兴产业的决定》的政策性指导为前提。而这个政策指导性文件有望在2010年提交到国务院，该新兴产业包括了当前热门的新能源、生命科学、电子信息、海洋工程、新材料等九大领域。与此同时，新兴产业规划文件起草组也相应成立，由发改委副主任张晓强任组长，负责研究起草《国务院关于加快培育战略性新兴产业的决定》和《战略性新兴产业发展“十二五”规划》。这两个文件将为战略性新兴产业描绘出一张清晰的五年路线图，也是沪深股市未来的风向标。

1. 国家战略培育新兴产业新概念贯穿未来投资主线

在国家提出“发展战略性新兴产业”政策背景下，三网合一、节能环保、新能源、新技术、新材料等受国家强力扶持的“新概念”板块，开始春潮暗涌，崭露头角。

为了下一轮经济增长的动力，战略性新兴产业成为“后危机时代”的新宠儿，“多举措全方位”，政策扶持力度空前。

2007年的金融危机给全球经济带来了巨大冲击，经济增长的轨迹和旧有的格局都将面临着改变，为了下一轮经济增长的动力，战略性新兴产业成为“后危机时代”的新宠儿。美国、日本、欧盟等都将注意力转向新兴产业，并给予前所未有的强有力的政策支持。中国也不例外，正在以国际视野和战略思维选择与发展新兴战略性产业。

在“保增长”取得显著成效后，“促转变”，特别是发展战略性新兴产业，在当前形势下更加显得刻不容缓，并将成为今后更长时期的经济工作主线。

在此背景下，增量资金的投资意愿变得更加苛刻，全力发掘推动下一轮经济发展的新行业、新概念非常必要。当新兴产业提升到国家的发展战略高度，它将得到力度空前的政策扶持，并且相关“新概念”股本普遍偏小，很适合增量资金“苛刻”的口味，从而形成平淡市中的局部兴奋点。

挖掘以战略性新兴产业为主导的市场新概念，将是长期的、可持续的，并将贯穿今后更长时期的投资主线。

例如，2010 年前五个月，上证指数围绕 3000 点一线展开反复的震荡，尽管指数表现波澜不惊，但盘中热点此起彼伏，层出不穷。其中，受国家强力扶持的新能源、新技术、新材料、三网合一等战略新兴产业的上市公司已越来越多地受到资金的关注。

在国家提出“发展战略新兴产业”政策背景下，基金对相关上市公司关注度明显增加，战略新兴产业日益成为基金公司投资布局的主要方向。

例如，因手机支付业务有望进入正轨，从事芯片封装、智能卡制造等相关业务的长电科技、通富微电、东信和平、证通电子成交量异常活跃，尤其是长电科技连续强势涨停，成交额也创出该股上市以来的天量。有关资料显示，去年四季度，大成价值增长、大成景阳领先、嘉实研究精选等基金开始扎堆布局长电科技，基金在前十大流通股股东名单中成为主角，完全改变了此前以自然人为主的局面。其中，大成价值增长、大成景阳领先分别持有 1500 万股、1299. 99 万股，占公司总股本的 3. 74% 。

与此同时，作为六大战略性新兴产业之一的节能环保产业在基金经理眼中亦是重大的投资机会。“余热回收、海水淡化”成为基金最为关注的领域。而在这一领域的烟台冰轮、双良股份等上市公司也早已进入基金的投资组合中，从事余热回收的烟台冰轮股价自 2010 年 1 月初已经出现了 40% 的涨幅，如果从 2009 年 9 月 30 日计算，该股的股价已经翻出一倍有余。考虑到烟台冰轮截至 2009 年三季度末并无机构入驻，而从四季度开始，节能概念渐入主流，该股 2009 年四季度以来的走势有可能是基金布局的行为。

战略性新兴产业是指关系到国民经济、社会发展和产业结构优化升级，具

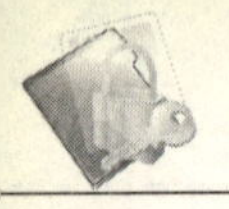

有全局性、长远性、导向性和动态性特征的新兴产业。全局性是指战略性产业不仅自身具有很强的发展优势，对经济发展具有重大贡献，而且直接关系着经济社会发展全局和国家安全，对带动经济社会进步、提升综合国力具有重要促进作用；长远性是指战略性产业在市场、产品、技术、就业、效率等方面应有巨大的增长潜力，而且这种潜力对于经济社会发展的贡献是长期的、可持续的；导向性是指战略性新兴产业的选择具有信号作用，它意味着政府的政策导向和未来的经济发展重心，是引导资金投放、人才集聚、技术研发、政策制定的重要依据；动态性是指战略性产业要根据时代变迁和内外部环境的变化进行调整。

由此，挖掘以战略性新兴产业为主导的市场新概念，将是长期的、可持续的，并将贯穿今年乃至今后更长时期的投资主线。关系到经济社会发展和产业结构优化升级的国家战略发展高度，决定了这些新概念与市场上一般题材的炒作具有本质的不同。

2. 新能源：新兴产业“三驾马车”整装待发

新能源产业已经步入高增长轨道，核电、风电、光伏发电“三驾马车”率先脱颖而出，成为中国新能源领域的主力军。

截至2010年3月19日，新能源概念的56只股票总股本加权平均收盘价为14.7元，与3月6日14.31元的平均价相比，股价重心三日内已经上移了2.77%。成交量方面，56只股票近三日累计成交额69.67亿元，与此前的三个交易日42.41亿元的成交额相比，放大64.28%。可见，新能源概念股为股票市场带来了新的兴奋点。

温家宝总理在政府工作报告中明确提出，要积极发展新能源和可再生能源。一时间，有关新能源产业发展的配套政策、市场环境、上网电价立法、科技创新等话题再次成为社会关注的焦点。《人民日报》3月18日发表署名文章称，目前不是该不该发展新能源的问题，而是如何发展的问题，发展新能源的方向不能改变，决心不能动摇。财政部副部长张少春也表示，财政部将加大资金投入，支持节能环保、新能源汽车产业发展和新能源开发的力度。显然，在全球经济尚未完全复苏、国内部分产业产能过剩形势严峻的双重压力下，战略性新兴产业无疑将给中国经济带来新的动力。在2010年“保增长”压力减轻，

"调结构"成为调控重点的大背景下，国家对战略性新兴产业的支持力度必将进一步加大。

《可再生能源法》的实施，将对我国新能源产业发展产生重要作用，目前我国正在制定新兴能源产业发展规划和调整核电中长期发展规划，这两个规划的出台，将会对新兴能源产业发展起到积极的推动作用。

鉴于风电技术发展已比较成熟，海上风电将会作为今后风电发展的最重要任务。在光伏方面，大规模光伏电站建设将更为慎重。今后光伏发电的主要任务在于解决特殊地区和特殊行业的用电需求，在西藏、新疆等地做好与实际利用需求相结合的示范项目。

从目前的产业发展速度来看，核电、风电、光伏发电则无疑在新能源领域中呈三足鼎立之势。在国家大力发展新能源的基础上，三支新能源新秀谁能率先脱颖而出，成为中国新能源领域的主力军我们拭目以待。其中，太阳能发电是最早进入中国老百姓家中的新能源技术，风电技术是目前相对成熟的新能源技术，而核电由于不受电网调峰瓶颈的限制，成为新能源领域的重头。

随着规划将出台，新能源"三驾马车"也将正式启动。在太阳能方面，有金晶科技（600586）、天威保变（600550）、孚日股份（002083）等典型股票；在风电方面，有金风科技（002202）、天奇股份（002009）等典型股票；在核能方面，东方电气（600875）、中核科技（000777）等股票成为产业的领头羊。

3. 新材料：新兴产业基石六大条件铺就成功路

如果说钢铁、水泥是传统产业的重要基础，那么，新材料就是发展战略性新兴产业的基石。

近十年以来，世界材料产业的产值以每年约30%的速度增长，目前全球新材料市场规模已超过4000亿美元，由新材料带动而产生的新产品和新技术则是更大的市场。当前，微电子、光电子、新能源、化工新材料成为了研究最活跃、发展最快、应用前景最为投资者所看好的新材料领域。在中国经济强劲复苏和高新技术产业迅猛发展的拉动下，未来中国新材料市场将继续保持高速增长。据预测，"十五"期间，光电子信息材料、功能陶瓷材料、生物医用材料、能源材料、生态环境材料、智能材料等新材料将获得极大的发展。统计数据显示，未来中国新材料产业市场增长率将继续保持在20%以上，中国新材料产业

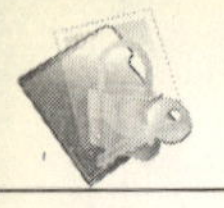

市场规模在2010年将达到823.7亿元，而在2012年将超过1300亿元。

目前，中国许多基础原材料以及工业产品的产量位居世界前列，但是高性能的材料、核心部件和重大装备严重依赖于进口，关键技术受制于人，面临着一系列关键材料技术突破问题。这也正是我国新材料产业发展的巨大潜在空间。

政策扶持方面，在中国新材料产业发展过程中，政府也在科研经费投入、产业规划制定、产业政策及科技成果转化等方面给予了大力支持，初步形成了比较完整的新材料产业体系。业内人士认为，中央如要扶持新材料产业的发展，其政策需要更有针对性。中国材料研究学会产业部主任刘枫曾表示，一旦再得到中央政策的针对性扶持，新材料行业发展将会更加迅猛。可以预计，作为对战略新兴产业扶持的一部分，新材料产业还将在财政、金融、税收、科技投入、人才引进、产品推广等方面进一步获得政府新的支持与补贴，中国的新材料产业将迎来高速成长期。

一些特异性能的新材料在很多高端工业中都要用到，没有新材料的发展，当前的结构调整特别是制造业升级不可能实现。所以，新能源依赖的就是新材料，所以新材料尤其高端关键材料需要扶持，以免将来受制于人。高端材料对产业的带动作用十分明显。新材料虽然规模不像传统材料那么大，但技术一旦突破，其产业影响将是决定性的。

中央政府开始重点关注新材料产业也是基于当前该产业令人十分惊喜的迅猛的发展势头。巨大的国内市场使新材料行业的迅速产业化成为可能。正在启动的新材料产业投资基金正是瞄准了这一巨大市场，力争建立在世界上有竞争力的产业群，而越来越多的上市公司也正介入这一领域。全球新材料市场规模已超过4000亿美元，由新材料带动而产生的新产品和新技术则是更大的市场。中国新材料产业市场规模在2010年将达823.7亿元，而在2012年将超过1300亿元。如此美好的前景自然会刺激众多资本进入而加速该产业的扩张。

关于在新材料领域的投资布局，未来成功的新材料公司需要具备六大条件：对上游资源垄断；具高技术壁垒；在行业中可以产生最大规模效应；将上中下产业链重新整合过；定位于细分市场，竞争对手少；受益于国家新政策，尤其是符合节能环保要求。

基于“从产品到市场”的投资逻辑，新材料产业需要关注三大主要问题：

首先是产品定位。“十二五”期间主要包括现代交通运输、高效清洁能源、环境资源、民生产业、国防领域、智能绿色制造六大方向；其次是产能过剩与技术创新。要寻找过剩中不断提高产能技术含量且能接受市场检验的公司，能够把握产业发展规律、整合产业环节并拥有自主知识产权、能做大做强的优质企业是重点挖掘对象；最后是市场需求挖掘。东方证券建议重点关注天富热电（600509）、西藏矿业（000762）、中科三环（000970）、北新建材（000786）、方大集团（000055）、包钢稀土（600111）、综艺股份（600770）、永太科技（002326）、宏达新材（002211）等上市公司。

江恩还认为，不同类别的股票内部的个股也是如此，比如，有色金属行业的股票，驰宏锌锗、山东黄金等股票的涨幅明显强于同行业的其他股票，中信证券的涨幅也优于其他金融类的股票。一般来说，一只受到热捧的领头股会连续活跃5～10年。过了这段时间，这只股票就只有投资者做了，不再那么活跃。因为投资者不会每天都出出进进，所以震荡的幅度就会变得很窄。投资者们长期持股直到有了很好的理由或是受到恐慌的刺激才最终开始卖出，昔日的领头股在清算结束之前就会在一路下跌的情况下再次活跃起来。

当然，只有在大幅震荡的股票当中进行交易才能取得超额收益。因此，必须始终关注能够提供机会赚取大笔利润的新的领头股。随时掌握新情况，跟踪上市新股的走向，就能够从中选定眼下新的领头股，放弃原来的一些不再活跃的股票。如果了解如何快速交易的话，那么就会明白赚取超额利润靠的就不是股息而是股价的震荡。正因为如此，在大幅震荡的活跃股中进行交易才有价值。如果不得不因为这一类股票而遭受一点损失的话，还可以很快就得到补偿，因为机会总是经常出现。

最后值得一提的是：在非常活跃的股市上买卖价格很高的股票时，一般情况下，在震荡连续两天之后再“割肉”并不算太亏。如果股票连续两天于己不利，就很可能会继续不利下去。此时，就要在盈余中扣除所造成的损失而不要使本金受损，耐心等待下一次时机。

第六章

均摊风险，别把鸡蛋放到一个篮子

只在快速变化的活跃股当中交易，可能不会总是获得希望得到的利润，但这样会更为安全。这就是我的目的，教会人们安全交易：学会保护自己，尽一切可能减少损失并积累利润。

——江　恩

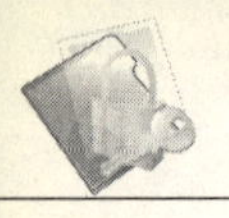

江恩在《股市定律》一书中，提出这么一个理念，“千万不要把所有鸡蛋都放进一个篮子里”。他认为，在股市上，也要务必遵循这条规则。如有可能，每类股票都选择一只，总共选上那么四五只，然后使每只股票的买卖数量都一样多。

“不要把鸡蛋放在一个篮子里”一语，出自西班牙人塞万提斯的《堂吉诃德》。在股票市场上的意思是不要把所有的资本都投入到一只股票上，应该多买几只股票，分散个股的非系统性风险。

在生活中，“不要把鸡蛋放在一个篮子里”也极有深意。譬如，有一个扒手在失手被缚后，警察好奇地问他：“一般人应如何防止扒手带来的损失？”扒手答道：“不要把你所有的钱都放在一个口袋里。”

在美国，某年，有一家银行因为违规营业以及财务上的问题，被联邦政府勒令关闭。该公司被接管后，马上通知所有的存款人前往提款。因为，美国的银行有十万元的存款保障，也就是说，银行倒闭时客户的存款若在十万元以内，都不会受到损失。可是，偏偏有许多人，尤其是华人的存款往往超过十万元，有的甚至高达百万美元，结果是如此地不幸。毕生积蓄，就这么化为乌有，损失实在惨重。

我就有一个朋友，他的理财理念颇具新意，在生意上赚到钱之后，除了拿出资本的20%投机股票之外，他将资本的30%存入银行，因为他是以贸易为主的；在选择银行方面，五大国有银行的存款为占存款总额的30%，中小股份制银行业占30%，剩余的40%为外资银行。币种方面，他也有一个分散比例，美元40%，英镑20%，欧元20%，日元10%，澳元10%。他还把20%的资本用来购买保本收益的信托，用10%的资本购买债券型基金，10%的资本用于民间借贷，剩余的10%当现金。

他的理财逻辑是世界上没有任何事情是绝对的，只要是人，都有可能犯错误，避免犯错误时损失过大、伤害过重的办法就是分散风险。

诚然，股票投机上有一条众人皆知的原则：不要把所有的鸡蛋都放到一个篮子里。这说的是分散投资、降低风险。把鸡蛋放进不同的篮子，可以规避一损俱损的风险。放入几个篮子的话，即使打翻了一个篮子，摔碎了里面的鸡蛋，还有其他的篮子可以保住大部分的鸡蛋。

将所有鸡蛋放在一个篮子里，有几个明显的缺陷：第一，鸡蛋容易压碎；

第二，鸡蛋容易变质；第三，一旦一只鸡蛋变质，许多鸡蛋将会被污染、牵连。

所以，投机者在购买股票时，要分散建仓、不能集中在一只股票上。否则，一旦落入某些上市公司、证券公司的陷阱（如某些意想不到的严重违规问题、蓄意误导等），甚至遇到濒临退市的股票，则难有翻身之日。

但在实际操作中，很多人对这句话的理解过于片面，从而衍生出了不少的投机误区。有人甚至误以为“篮子”越多越能分散风险，曾经有一个退休阿姨，她有不到300万元的市值，持有23只股票，这种情况就是分散过度，收益可能还跑不赢大盘。

另外，作为单个职业投机者，也不是“篮子”越多越好。股票多了，除了会释稀某些赢利股票的收益，也会造成股票交易成本和管理成本高的麻烦。因为你的资本是有限的，精力和能力也是有限的。那最终的结果可能也是非常糟糕的，除非你有足够充沛的精力和特别好的运气。

所以我的理解是：适度分散，相对集中，优中选优，灵活善变。

在股票市场上，“不要把所有鸡蛋都放进一个篮子里”的意思，从投机策略上来讲，可以从两个层面来解读：一是行业分类配置；二是资本权重配置。

一、行业分类配置

我们先来解读行业分类上的配置。目前沪深股市有不同行业分类，比如有证监会行业分类、传统习惯的行业分类、地区分类、概念分类、区域分类等。现在还有中小板、创业板，加上深圳原来主板市场和上海主板，这里又有四个不同类型的市场供投机者投机买卖。

我们以中国证监会的行业分类为准则来讨论股票投机应该如何配置不同行业类型。中国证监会认为，上市公司的行业信息是上市公司对外应披露信息的重要方面。上市公司行业分类方法的科学与否，对于规范和提高上市公司信息披露质量、市场参与者对公司股票进行定价、投资者进行投资决策都有着直接的影响。但由于各种原因，在我国证券市场建立之初，对上市公司没有统一地分类，上海、深圳交易所根据各自工作的需要，分别对上市公司进行了简单地划分：上海交易所将上市公司分为工业、商业、公用事业和综合等四类；深圳

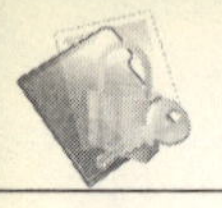

交易所则分为工业、商业、公用事业、金融和综合等五类。近年来，随着证券市场的发展，上市公司数量的激增，两交易所原有分类的不足越来越明显地表现出来：分类过粗，给市场各方对上市公司进行分析带来了很多不便。因此，我国股票市场上迫切需要一个科学的上市公司行业分类标准。在这种背景下，中国证监会于2001年重新制订出台了一套新的行业分类标准。

目前，除了中国证监会有一个行业分类标准，另外还有按传统习惯的行业分类、地区分类、概念分类、区域分类等等。行业分类的目的是对上市公司的行业进行科学、明确的界定，以使广大投资者及相关人员更好地了解上市公司的主营业务和经营方向。

有了行业分类，我们在投机股票的时候，就可以找到清晰的市场脉络。比如2007年7月份之后，市场主要是金融、有色和房地产行业的股票在上涨，而其他行业的股票只是被动地跟随大盘上涨。

行业分类为我们分散投机提供了可靠的参考依据，在选择股票的时候，就能够知道该如何配置投机比重。比如金融股应该占多大比重，电子信息应该占多大比重，机械设备占多大比重根据市场不同的热点，以行业分类为依据，调整持股的结构。避免把所有鸡蛋放在一个篮子里，即持有的股票集中在某一个行业。

以2005年6月6日的市场转折为例，到2010年6月份，这五年间，不同时期，领涨市场的行业有很大的差异，把握对了市场节奏，可以带来高额的投机收益，但如果踏错节奏，不但达不到市场的平均收益，甚至可能出现亏损。

以上证指数作为参照，2005年6月到2007年10月份，上证指数从998点上涨到6124点，涨了6.13倍。2007年10月快速下跌到2008年10月份的1664点之后，从2008年10月份的1664点又反弹到2009年7月份的3478点，上证指数上涨了2.09倍。如图6－1上证指数周K线图。

2005年6月到2007年10月份，和2008年10月份到2010年6月份，这两个时间段沪深股市不同行业的股票，走出差异较大的行情。下面就通过取样比较分析机械、地产、有色、电子信息和医药五个行业在不同时期的市场走势表现，来解读为什么要分散投机的原因。

1. 机械行业

从2005—2007年全国机械工业生产持续稳步增长，工业产值的增速保持在

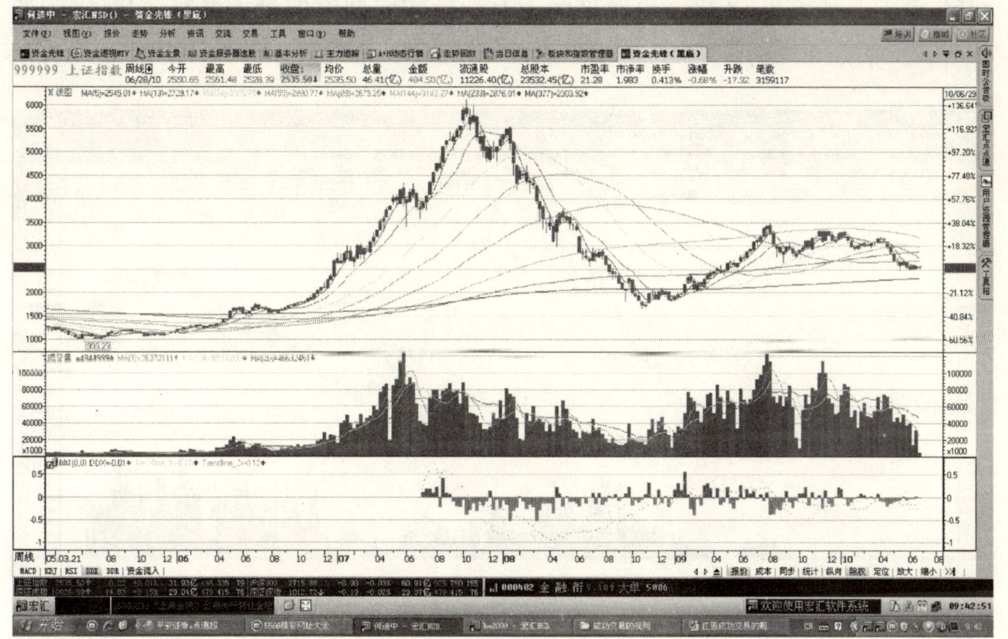

图 6－1

35%，其中各个子行业增速略有不同。工程机械行业表现最好，工业产值增长明显快于其他行业，增速达到 45% 的水平，除了农用机械、仪器仪表和食品包装机械，其余子行业工业产值增速均保持在 30% 以上的水平。

工程机械之所以增速最快，主要原因是在“十一五”期间基础设施建设规模非常地大，比如铁路投资大幅地增加给旋挖钻机和混凝土机械带来了巨大的发展机遇，西气东输的 2 期工程开工也保证了未来对工程机械产品的需求，此外大型核电和水电站的建设需要大量的工程机械产品，值得我们注意的是，随着施工要求的不断提高以及施工环境的逐渐复杂化，大马力的挖掘机和推土机将具有更大的发展空间。

从 2005 年开始，工程机械行业一直保持非常快的出口增速，2006 年工程机械行业首次实现贸易顺差，顺差额达约 11 亿美元，2007 年工程机械产品全面进入了海外市场，前 11 月增长 73%，贸易顺差更是扩大到 34 亿美元，2007 年 11 月份的出口增速更是达到了 90%。

从机械行业分类指数看，2005 年 6 月份，最低是 734 点，2008 年 1 月份，最高是 6794 点，上涨 9.25 倍，明显优于上证指数 6.13 倍的涨幅。2008 年 11 月份，机械行业分类指数最低为 1623 点，而 2010 年 4 月份，该指数最高为

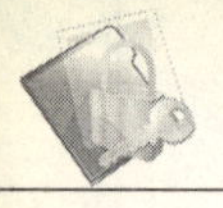

5166点，上涨了3.18倍，也明显优于上证指数同期内的最大涨幅2.09倍，如图6-2所示。

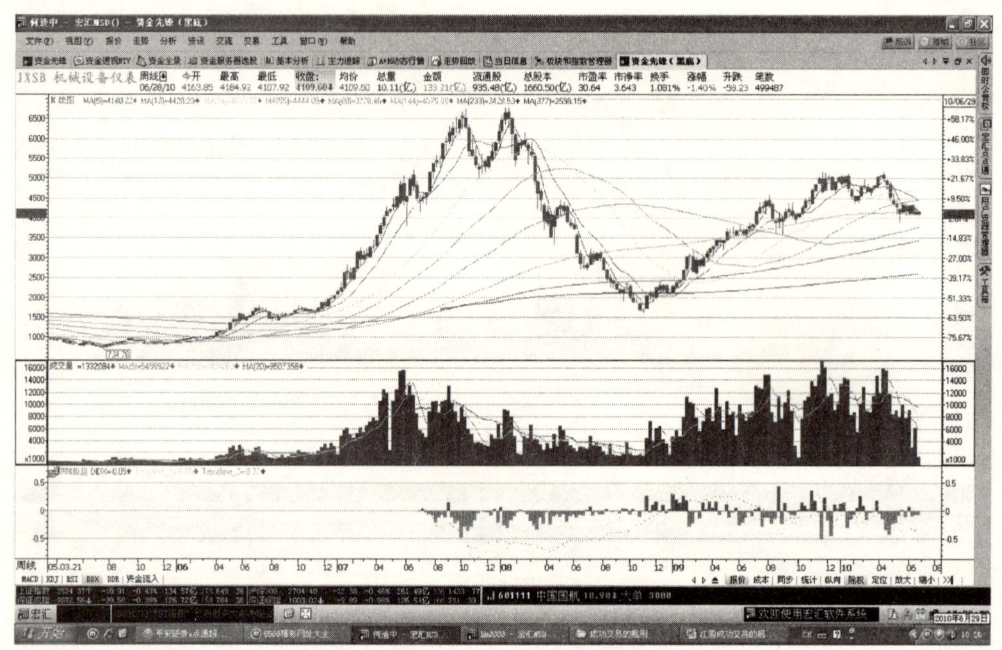

图6-2

再来看机械行业的领涨股票三一重工、中联重科的市场表现。

三一重工是国内主要的工程机械生产厂，公司凭借其研发能力、技术优势和完善的营销体系，在混凝土机械以及桩工机械领域市场占有率排名第一。我们非常看好公司的海外战略以及公司通过收购母公司的资产成功转型成为综合性工程机械龙头的策略。

公司的中长期战略是大力发展海外业务，目前公司主要的出口市场集中在非洲和中东地区，从发展的潜力来看，经济发展迅速且基础设施薄弱的印度市场能够提供最广阔的市场空间。

目前混凝土机械、路面机械、履带式起重机和一些配件业务资产已经为上市公司所有或控股，母公司还有挖掘机、汽车起重机、煤炭机械和港口机械等机械类资产还没有进入上市公司。

从市场走势看，三一重工2005年11月中旬最低位1.18元，但到牛市结束的时候，最高涨到了2007年10月下旬的29.83元，涨了25.27倍。2008年10月中旬，又从7.12元涨到2009年11月上旬的25.95元，涨了3.64倍。这两个时段的涨幅既优于上证指数的涨幅，也优于机械行业类指数。如图 6－3 所示。

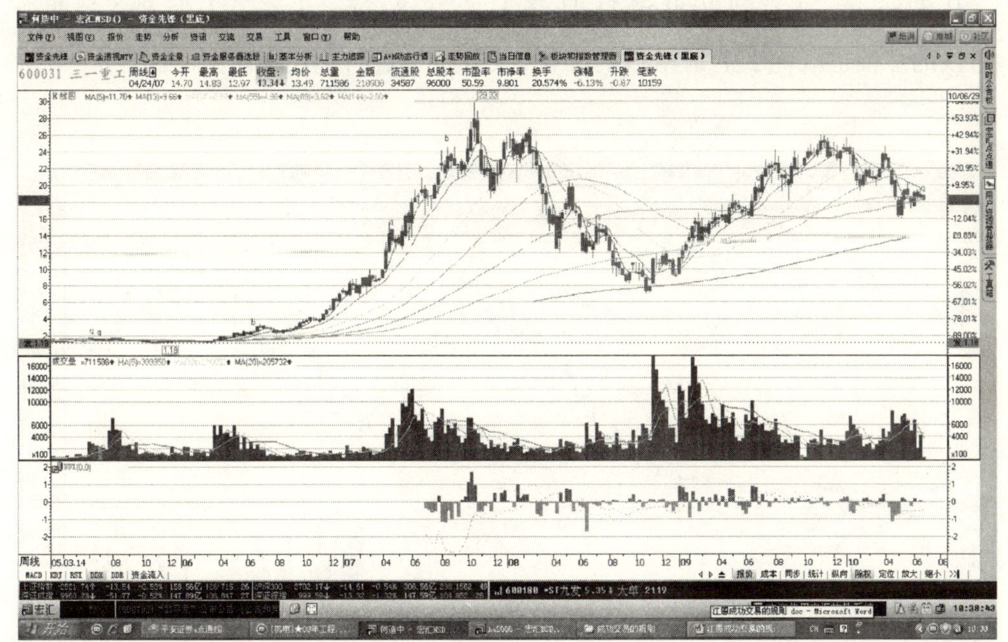

图 6－3

中联重科公司主要从事起重机、混凝土机械、环卫机械生产制造，在起重机、混凝土机械这两类产品上分别同徐重、三一一道在技术和服务方面领先于同行，均形成双寡头市场，成为国内最具竞争力的工程机械制造商之一。

公司为国家级高新技术企业，所处行业为工程机械行业，是目前全国最大的基础设施重大装备的研究、制造基地之一。公司被列入 2007—2008 年度全国最大 500 家外商投资企业名单中。

公司进行的一系列收购行为对公司未来长远发展有积极意义。通过收购新黄工，进入到市场容量最大的土方机械行业。通过收购湖南车桥，降低其车桥采购成本，提升和稳定主机产品质量。通过收购意大利 CIFA，获得品牌、技术和海外分销渠道，大幅拓展海外市场。

公司引进了大量高水平研发人才，企业国家重点实验室“建设机械关键技术实验室”在行业内率先获得国家科技部的正式批准和认定；申报技术中心创新能力建设专项“工程机械关键结构件优化及试验研发能力建设项目”获国家发改委批准。

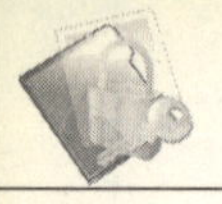

从股价走势看，2005 年 4 月 25，自 1. 14 元的历史地位上涨，到 2008 年 2 月 18 日，股价最高达到 28. 43 元，累计涨幅为 24. 93 倍。2008 年 11 月 7 日，又从 7. 86 元，上涨到 2009 年 11 月 16 日的 28. 80 元，上涨了 3. 66 倍。这两个时段的涨幅也既优于上证指数的涨幅，还优于机械行业类指数。如图 6 –4 所示。

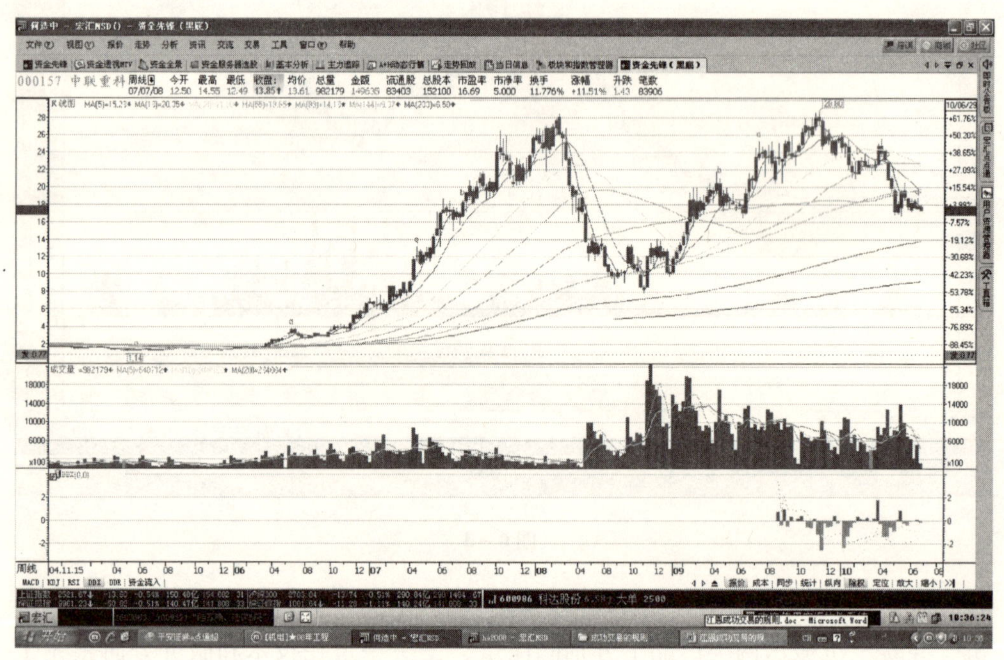

图 6 –4

从机械分类指数和机械类两只股票三一重工和中联重科跟大盘的对比，不难看出，如果在这两波牛市当中，投机机械类的股票，可以获得超额收益。而在机械行业当中，如果投机了三一重工或者是中联重科的话，投机收益可能更加可观。当然，在 2008 年 10 月份之后，如果投机机械行业的山推股份、太原重工、昆明机床、晋西轴承等股票的话，投机收益就要大打折扣，收益甚至还不如其他股票。如果不把所有鸡蛋放在一个篮子里，就可以避免买到收益欠佳的股票，避免投机收益欠佳的尴尬结局。

2. 房地产行业

房地产行业也是沪深股市一个占有较大权重、上市公司数量众多，而且周期性很强的板块。沪深两市截至 2010 年 6 月，有 148 家房地产类的上市公司。

其中以万科A、金地集团和保利地产为首的房地产行业，在2005年6月到2007年10月份的牛市，以及2008年10月到2009年年底的反弹行情中，充当了急先锋，明显领涨大盘。房地产景气因素，主要是我国经济高速增长促进了房地产行业的发展，城市化进程和人口红利形成了巨大的房地产市场需求，人民币持续升值提升了板块投资吸引力。

自2007年在国家出台一系列宏观调控政策的背景下，我国房地产行业依然保持着较好的增长态势，主要有以下四方面的原因：

第一，2006年房价依然保持上涨。从统计信息可以看出，2006年全国70个大中城市房屋销售价格，同比上涨幅度均接近或超过5.5%，涨幅呈增长趋势。价格上涨，年报靓丽也就顺理成章。

第二，由于受政策的不确定性影响，为了规避未来的政策风险，房地产公司加大了项目开发推向市场的力度，2006年商品房销售面积及销售额，分别比2005年增长了12.2%和18.5%，为实现较高的收入、利润提供了保障。

第三，二、三线地产助推整体业绩。2006年度，在房地产行业重点公司中，以华业地产、亿城股份、中宝股份为代表的二、三线地产公司业绩同比增长明显，净利润分别比2005年增长了938.72%、343.59%及100.37%，直接提升了整个板块的业绩表现。

第四，扭亏公司业绩大幅提升。据统计，2006年深沪两市共有10家房地产类上市公司业绩实现扭亏为盈。

在所有房地产类上市公司当中，这三类房地产公司值得投机：

第一是以万科A、招商地产、金地集团等为代表的优质龙头股，其项目储备丰厚、经营管理水平较高、业绩能够持续稳定增长，此外，它们具有强大的资金实力，其品牌价值将在行业整合中得到提升。每次房地产板块走强都与龙头公司密不可分，它们的涨幅均高于其他房地产公司。

第二是以华发股份、亿城股份等为代表的二、三线优质地产公司，这些公司虽从行业的整合中获益不大，但其质地优良、成长性看好，因此也是业内重点关注的房地产行业上市公司，并且从估值的角度来看，其估值水平相对于一线蓝筹股来说，出现低估的迹象。

第三是以陆家嘴、金融街等为代表的人民币升值背景下的商业类地产公司，人民币升值对于房地产行业中商业类地产公司带来的积极影响最大，并且

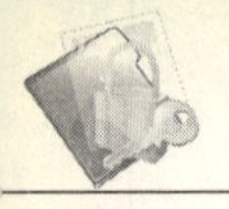

房地产行业宏观调控影响的主要是开发类企业，商业类地产公司受其影响有限。

我们先来看看房地产分类指数跟上证指数的比较。从房地产行业分类指数看，2005 年 7 月份，最低是 719 点，2007 年 9 月份，最高是 8693 点，上涨 11.95 倍，明显优于上证指数 6.13 倍的涨幅。2008 年 11 月份，房地产行业分类指数最低为 1892 点，而 2009 年 7 月份，该指数最高为 6658 点，上涨了 3.52 倍，也明显优于上证指数同期内的最大涨幅 2.09 倍，如图 6－5 所示。

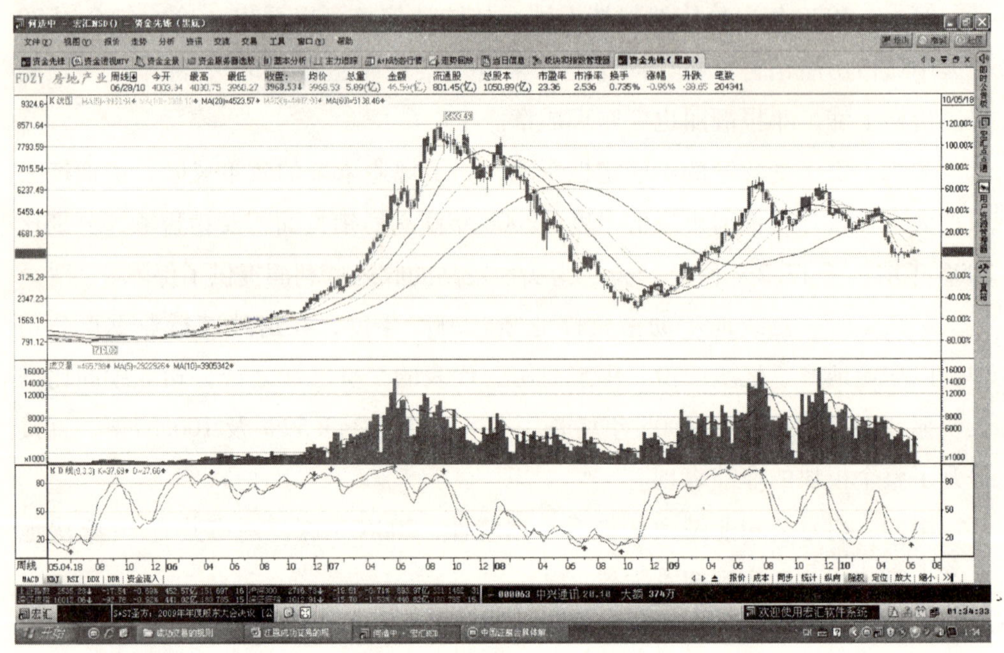

图 6－5

作为房地产行业的龙头老大万科 A，2005 年到 2007 年的牛市，不但是房地产行业的指标，还是整个市场的主要指标之一。牛市当中，龙头股是获得超额收益的主打产品。所以，万科 A 从 2005 年 5 月 30 日的 1.08 元，扶摇直上涨到 2007 年 10 月份的 24.96 元，上涨了 23.11 倍。从 2008 年 10 月份的 4.73 元，到 2009 年 7 月的 14.79 元，也上涨了 3.12 倍。但随着 2010 年政府对房地产行业的调控，万科 A 跌势也明显早于其他股票，而且走势有开始走长期的熊市的迹象。如图 6－6 所示。

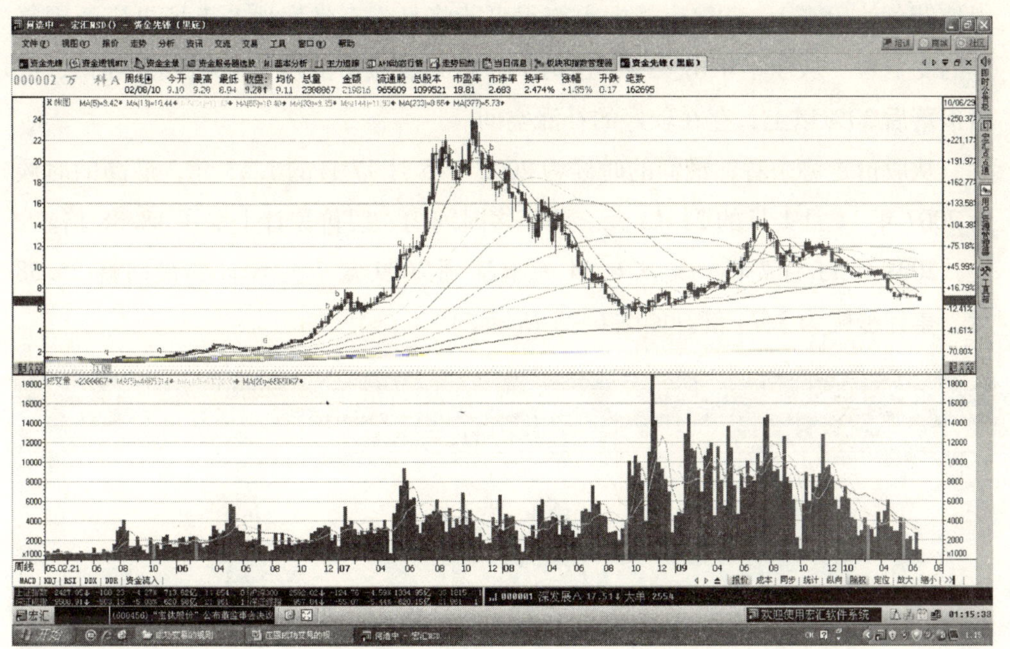

图 6－6

作为房地产行业二、三线优质公司代表的华发股份，是珠海市两大国有上市公司之一。公司已拥有多年区域地产开发经验，市场占有率高，是珠三角地区最大的国有房地产开发企业之 。随着珠海在珠三角地位的提升，未来珠海房地产市场有望吸引资金，为公司后续开发提供更好的销售环境。

华发股份已逐步由珠海市地方性房地产龙头企业向全国扩张，目前项目主要集中在珠海、中山、包头三地，土地储备约 600 万平方米，未来随着公司扩张步伐加快，公司有望成为全国性房地产开发商。

珠三角城市轻轨和港珠澳大桥开工建设，未来将明显改善珠海、中山的交通状况，对两地房价拉动也将起到积极作用，目前公司在珠海、中山两地拥有约 500 万平方米的土地储备，升值潜力巨大。珠海和中山区域房价的可能迅速上涨以及珠海市重大基础设施建设（中央商务区建设和横琴岛开发等）都将可能推动公司未来的股价。

港珠澳大桥的开工建设从长远来看将明显加强这三个城市之间的交通联系并显著提升珠海市的土地价值。华发股份可能会成为这一前景的主要受益者之一，原因是公司在珠海市的土地储备建筑面积约达 270 万平方米（占总土地储备的 48%），在临近珠海的中山市的土地储备建筑面积达 200 万平方米（占总

土地储备的35%）。珠海市及中山市很可能将是广东省房地产市场更广泛围复苏的受益者。从今年年初至今，这两个广东二线城市的房价涨幅较深圳市、广州市落后30%以上，存在较好的补涨空间。

从股价走势来看，最低的时候为2005年5月17日的1.53元，最高的时候为2007年11月1日的28.13元。两年多时间内，股价累计上涨了18.38倍。

2008年11月7日，又从6.84元上涨到2009年7月6日的最高峰25.58元，累计涨幅为3.74倍。如图6－7所示。

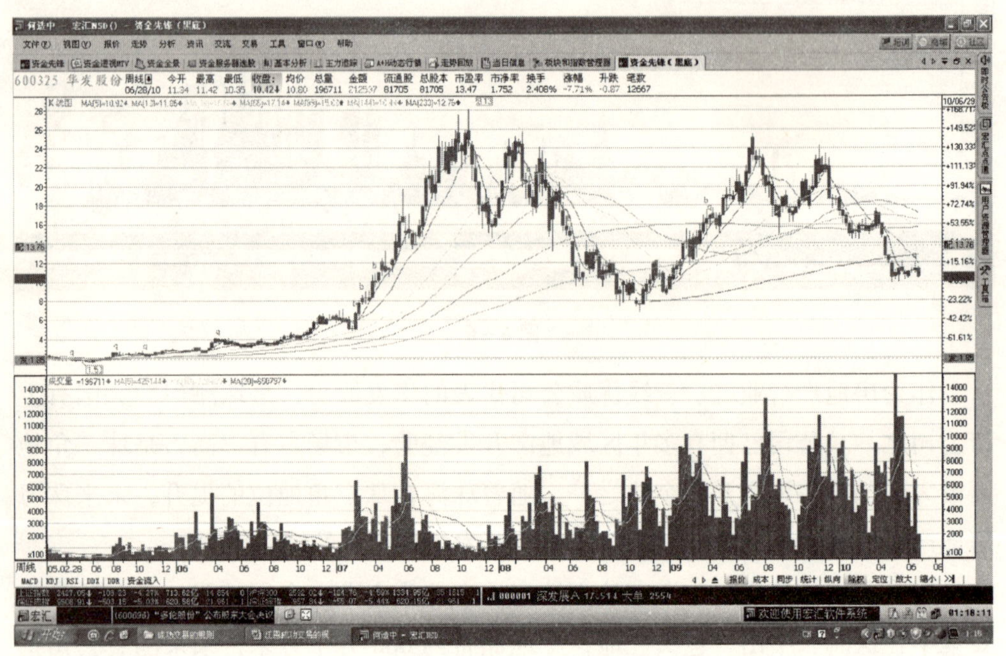

图6－7

作为商业类房地产的陆家嘴，公司是以商用房地产开发经营、股权并购、土地批租为主营的上海老牌高端房地产龙头企业，当前正在致力于主业转型和扩大陆家嘴开发区的跨越式发展中。公司地处的陆家嘴金融贸易区拟投资1000亿元，在未来5～8年内打造全球首个电子化国际商务中心区（E—CBD）。

公司是上海迪斯尼项目和上海国际金融中心建设最大受益者。上海迪斯尼项目当中方股东陆家嘴占股60%，中美合资上海迪士尼申迪公司中方占股57%，这意味着陆家嘴集团占上海迪士尼34.2%的股份，陆家嘴集团将是上海迪士尼第二大股东，拥有较大的发言权。

公司持有物业大部分均位于陆家嘴地区，随着上海国际金融中心建设的逐步推进，公司持有性物业的出租率和租金都将会不断上升，而且土地价值和物业价值也将获得更大的提升空间。公司经营性可租赁建筑面积已达46.2万平方米（含浦项大厦），目前公司还有在建项目12个，建筑面积约140万平方米。随着可租售面积快速增长，公司未来的租金收入将会大幅增长。

陆家嘴公司的亮点主要有：

（1）房地产：陆家嘴房产的规模品牌逐步确立，围绕“城市开发”主业，继续推进陆家嘴金融贸易区的功能集聚和招商引资。2007年中报披露，至本报告期，公司开工建设房产项目共12个，其中本报告期内竣工项目2个，累计建筑面积约为40万平方米。

（2）区位优势：公司地处的陆家嘴金融贸易区拟投资1000亿元，从2008年起的5~8年内，打造全球首个电子化国际商务中心区（E—CBD）。目前，这个区域规划建设180多幢高层，进驻了一大批中外资金融贸易机构、跨国公司地区总部，CBD的集聚和辐射功能已开始显现。2006年确定的上海市“十一五”规划中，再次聚焦浦东陆家嘴金融中心的建设，为公司的主营业务转型和未来的发展创造了良好的外部条件。

（3）参股金融：2007年三季报显示，公司持有招商银行1759万股份（初始投资成本2086万元）、持有交通银行579万股（初始投资成本626万元）、持有光大银行1694万法人股（初始投资成本3311万元）、持有天安保险750万股（初始投资成本750万元）、持有大众保险1680万法人股（初始投资成本2167万元）、还持有国泰君安证券986万股份（初始投资成本1151万元），申银万国证券3239万股份（初始投资成本4372万元）。

从二级市场的走势看，陆家嘴2005年7月18日，最低价位2.96元。2007年8月27日，最高价位34.18元。两年多时间，累计涨幅为11.54倍。2008年11月3日，最低价为10.03元，2009年11月2日，最高价为31.34元。一年时间累计涨幅为3.12倍。如图6-8所示。

通过上面对房地产行业整体走势和代表性公司个案走势的分析，不难看出，房地产行业在各个时期的走势，都明显强于大盘，甚至在2007年国家大力调控的背景下，整个行业都处在快速发展的过程之中，这也是2009年以前，市场对房地产行业偏好的原因。

在2009年之前，投机房地产行业，显然能够获得超额的收益，但房地产行

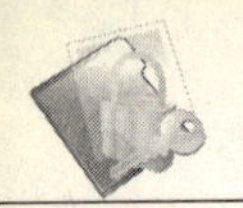

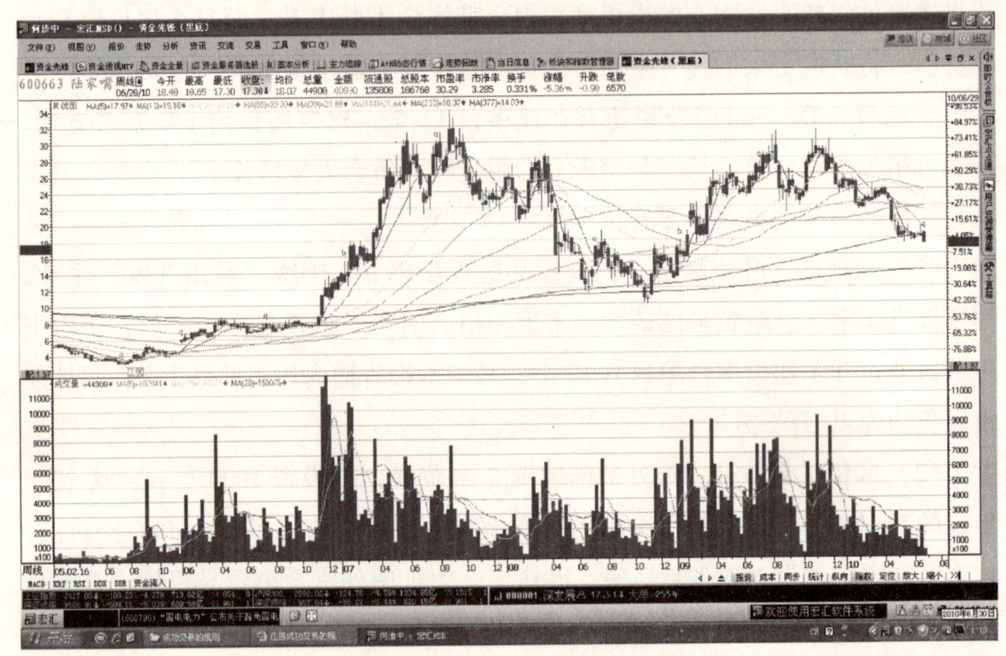

图 6－8

业宽度较大，上市公司数量众多，所以还需对不同公司的基本面做充分的研究，最好做到分散投机，避免买到股价走势较差的股票，如 ST 海鸟、多伦股份、深深房等等。

3. 有色金属行业

我国经济多年来的快速增长，对有色金属资源的依赖度越来越高，所以，从长期来讲，有色金属行业的牛市根基依然存在，有色公司依然具有投资价值。对于有色资源股，我们看好那些不仅具有资源优势和未来有资源注入的公司，而且具有估值优势和治理优秀的公司；对于深加工公司，我们看好那些具有市场垄断和技术优势的公司；同时关注小行业内的小市值龙头公司和资产重组公司。

同时，因为有色金属资源对经济的依存度比较高，属于强周期行业，反映在二级市场上，股价波动比较剧烈。2005—2007 年牛市期间，有色金属板块在资源重估和资产注入的推动下，成为市场表现最好的板块之一，主流有色金属股票平均涨幅明显超过大盘。但 2007 年 10 月份之后熊市阶段，在国内需求减缓的市场预期（内因）和美国次债危机（外因）的影响下，有色金属板块成为市场领跌的板块之一，主流有色金属股票平均跌幅也超过了。

2007 年 10 月份之前，有色金属股票的大幅上涨，很大程度上是估值水平的提升造成的，最高的时候，有色板块的估值水平 2007 年的 PE 超过了 70 倍，2008 年的 PE 也超过了 50 倍。在资源日益紧张的情况下，资源重估是有道理的，但是在资源价值还没有充分转化为经营业绩的情况下，过分提高公司的估值水平是有风险的。实际上 2007 年 10 月份之后，有色金属板块的领跌，原因除了是对美国次债危机的担忧外，主要还是对估值水平过高的释放。

有鉴于此，对于有色金属资源股的投资在重视资源价值和资产注入的情况下，更应该重视公司的估值水平和治理水平，只有将资源价值转换为经营业绩的公司才是真正有价值的公司。同时在过分强调资源价值的时候，市场对于市场垄断和技术优势的深加工公司过分冷落，这种状况市场会给予纠正。

图 6－9 是有色金属行业的分类指数，从分类指数不难看出，2005—2007 年，有色金属行业指数从 652 点，上涨到 15121 点，累计涨幅高达 23.19 倍。同期，上证指数涨了 6.13 倍，机械行业分类指数涨了 9.25 倍，房地产行业分类指数涨了 11.95 倍。

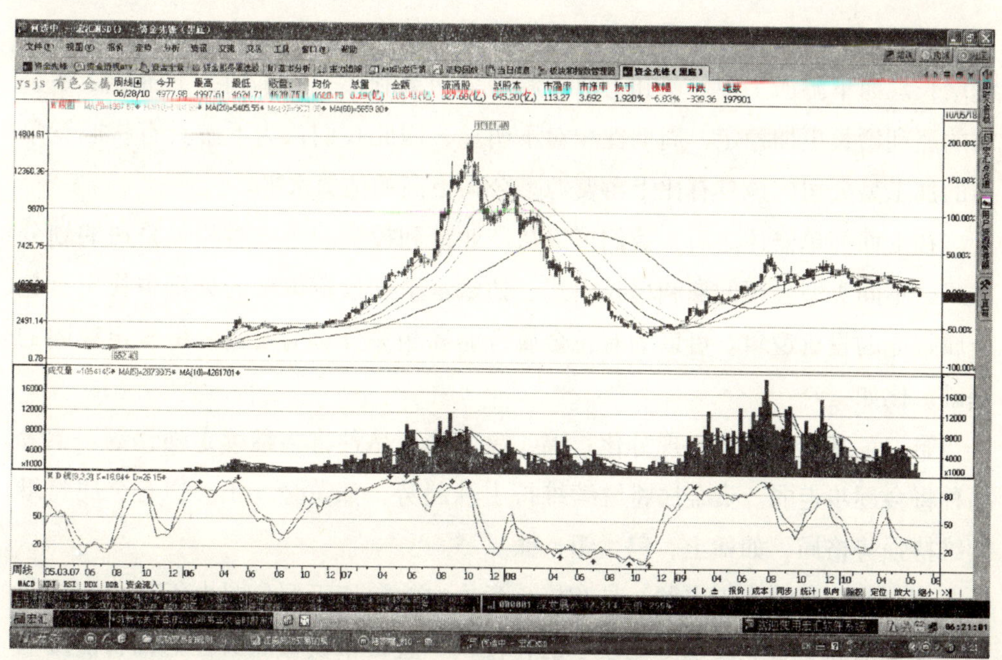

图 6－9

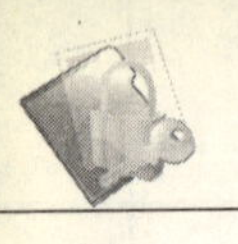

由于有色金属存在重大的投机机会，所以无论是机构投机者，还是个人投机者，都在对有色金属的赢利模式和投资策略做深入的研究。

根据我的研究心得，根据有色金属公司所处子行业的不同，可以把有色金属公司划分为重有色金属、轻有色金属、稀有金属、贵金属公司。

从产业链和投资的角度又可以将有色金属公司划分为四类：资源＋冶炼型（简称资源型）、冶炼型、加工型、其他类型。

通过分析梳理，可以将有色金属公司赢利增长因素大致分为三种模型：产品价格的变化趋势；资源自给率的高低；未来产能的增长情况。

对于资源型公司来说，资源自给率的高低和产品价格的变化趋势是影响公司利润增长的主要因素，因此在行业复苏期是投资资源型公司的最佳时期；对于加工型公司来说，未来产能的增长情况是影响公司利润增长的主要因素，因此行业处于见顶回落（原料价格下降）的情况下是投资加工型公司的最佳时期；对于冶炼型公司来说，公司的赢利增长主要来自金属价格和矿石价格的价差的变化趋势，因此冶炼型公司的投资机会要根据实际情况具体分析。

另外，上游资源型公司更多地是依靠行业的复苏（产品价格的上涨）获得利润增长，下游加工型公司更多地是依靠自身的核心竞争力获得长期稳定的利润增长。而下游加工型公司和上游资源型公司赢利模式的不同，下游加工型公司的赢利增长更加稳定，周期性相对不明显，因此我们认为下游具有核心竞争力的加工型公司应该具有比上游资源型公司更高的估值水平。

在上面简单概述之后，我们可以从产业链和投资的角度对相关公司的划分方式、不同类型公司的赢利增长模式、估值水平和投资策略的分析中找出有色金属行业的投机逻辑。可以为有色金属行业和相关公司的投资分析奠定稳固的基础。比如：

第一，基本金属将出现分化：镍、锡、锌等品种将会继续走强，铜、铝等品种将会逐步走弱。贵金属将继续维持上涨趋势，如黄金、铂。稀有金属将继续维持强势格局，如稀土、钨、钼、钛。

第二，深化深加工主题：具有核心竞争力的深加工型公司由于其稳定的长期投资价值和受行业波动影响较小的特性，一直是市场重点关注的品种。随着基本金属价格的分化，深加工型公司的吸引力会进一步加强。宝钛股份、厦门钨业、中钨高新、中科三环、南山实业、新疆众和和高新张铜等股票值得跟踪。

第三，深化资源主题：镍、锡、稀土等品种总是给投资者带来惊喜，其中贵研铂业、吉恩镍业、稀土高科和锡业股份市场表现会更好；黄金价格持续看好，山东黄金和中金黄金长期以来都得到市场的青睐；弱势品种中看好有资源持续扩张能力的公司，如云南铜业。

第四，挖掘我国优势主题：稀土、钨、钼、锡是中国的优势品种，随着我国对这些优势品种的保护和相关公司自身的努力，行业的优势将会逐步转化为相关公司的赢利增长，我们看好稀土高科、厦门钨业、中钨高新、锡业股份。

（1）铜——中国成为全球消费动力源。

具体到有色金属，各个子行业的情况各异。铜方面，中国、印度等国的旺盛需求促使铜价高位运行；铝方面，短期价格回落不改长期向好趋势；锌方面，供需两旺，价格有望趋稳；关于铅，中国供需对全球影响巨大，价格持续高企；至于镍，中国、印度的不锈钢需求强劲，镍价企稳回升；黄金方面，美元贬值、投资需求推高金价。

有色各个子行业价格的短期涨跌受整体有色金属牛市甚至商品牛市的约束。短期内有色各个子行业涨跌各异，但是在中国经济长期快速增长的周期中，有色金属价格也处于螺旋式上涨的趋势之中。

我国是铜资源进口大国，由于我国铜消费的快速增长，导致精铜需求缺口不断扩大，目前我国精铜缺口在120万吨左右。近期我国铜冶炼产能的不断扩大，而铜资源产量增长缓慢，致使我国铜资源自给水平不断降低，目前我国铜资源产量、精铜产能、铜加工产能三者的比例关系为1∶3.6∶8.2，铜产业存在结构不合理的问题。

供给有所增加但资源经营风险加大。需求的增长、价格的高企，给世界产铜企业带来了丰厚的回报，因此世界各铜企业通过新建矿山以及扩产铜矿增加铜产量，但由于新建产能具有几年的达产期，因此自2006年起到以后几年，将是世界铜产能释放的一个时期。

美国、日本及西欧是传统的三大铜主要消费地区，但近几年对铜的消费维持在一个比较稳定的水平，其铜消费量占全球铜消费量的比例呈递减趋势。而以中国为代表的亚洲（除日本以外）国家和地区的铜消费量则成为铜消费的主要增长点。

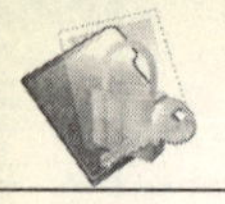

中国是目前铜需求最大的拉动力。中国铜需求的快速增长助长了全球铜消费的增长，尽管目前全球铜市场已经转为过剩，且2008年的过剩量还将加大，但交易所的低库存以及中国铜需求的增长趋势对铜价的支持力度无疑是巨大的。目前中国是世界第一大铜消费国，2005年铜消费量达378.1万吨，占世界总消费量的22.3%。2005年中国铜消费同比增长了9.4%，为世界同比增长提供2.1%，而世界同比只增长了0.9%。2006年我国精铜消费量略有下降，为349.56万吨，但仍保持较高的消费量。

因此，铜从长期来讲，不会出现产能过剩，因为相对于庞大的需求来说，过剩占总需求的比例很小，对整体市场的影响有限，未来发展中国家的需求增长预计更为乐观，我们对铜价的中长期趋势依旧看好。

从二级市场来看，我们可以分析一下铜类上市公司的龙头——江西铜业（600362）的走势。2005—2007年的牛市期间，该股从3.13元上涨到77.21元，涨幅达24.66倍。2008—2009年的反弹期间，从8.25元上涨到51.08元，涨幅达6.19倍。

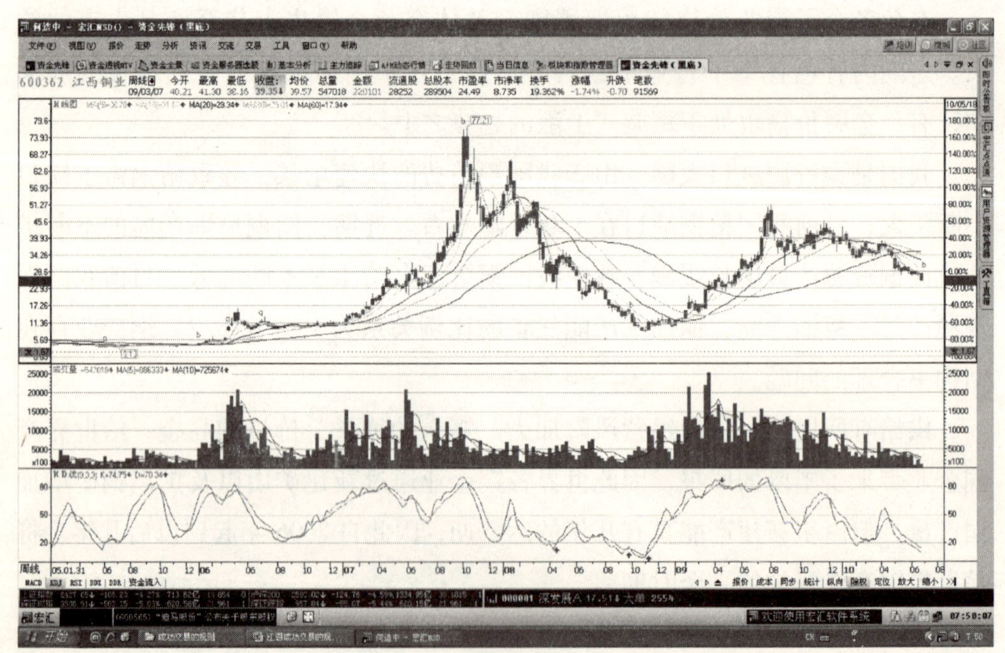

图6－10

（2）铝——短期回落不改长期向好。

随着中国氧化铝产能的释放，全球氧化铝市场在2006年发生了根本的转变，中国长期依赖高价进口氧化铝的局面出现了转折。2006年全球氧化铝供应增长迅猛，增速相比2005年度翻了一番，其中近80%的增量来自中国，西方世界氧化铝产量增速和上年度相比基本持平，增长主要来自新扩建项目的投产启动以及原有项目的正常达产。

供需基本平衡，成本因素使铝价继续下跌的空间有限。根据CRU统计数据，2007年全球铝的供需虽然有25万吨的过剩，但是相对于3812万吨的消费量来讲比例很低，因此全球铝供需应该还是处于基本平衡水平。因为中国新建产能大量释放，2008年前9个月全球铝产量达到2810.4万吨，同比增长10.9%。消费上受中国高增长带动，2008年前9个月全球消费达到2798万吨，同比增长8.4%。

因此，从基本面看，目前全球铝供给基本平衡。铝价在2400美元受到多头的积极买盘，这与铝价的生产成本有很大关系。在铝价已经接近企业生产成本之时，宏观经济仍未发生根本改变的情况下，这无疑成为关键价位。

中国消费依旧强劲，将成原铝净进口国，铝价长期向好。从内需看，电网建设对铝消费的拉动作用最为明显。“十一五”期间，国家电网公司和南方电网公司将合计投资10840亿元，而“十五”期间国内电网总投资5830亿元，这意味着投资比前五年翻番。如果简单地推算，也意味着电线电缆用铝量将翻番。如果考虑到“十一五”期间的电网建设集中于跨地区间的长距离输电网，估计铝的消费量还将会大幅增长。

铝业公司的代表为云铝股份（000807），从该股的二级市场表现来看，2005年到2007年的牛市期间，该股从0.96元上涨到31.65元，涨幅达32.96倍。2008年到2009年的反弹期间，从3.75元上涨到17.89元，涨幅达4.77倍。

（3）锌——未来价格有望趋稳。

美国次级贷款危机后，美国市场对锌的需求就开始走下坡路，这样一个经济大国在需求方面的急剧下滑对整个锌市场的影响是毋庸置疑的，不过，欧元区经济发展升温弥补了美国经济下滑对金属需求造成的不利影响，以中国为首的发展中国家投资迅猛增长的势头不减，对金属价格仍具有非常强的支撑作用。

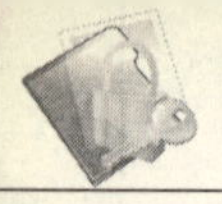

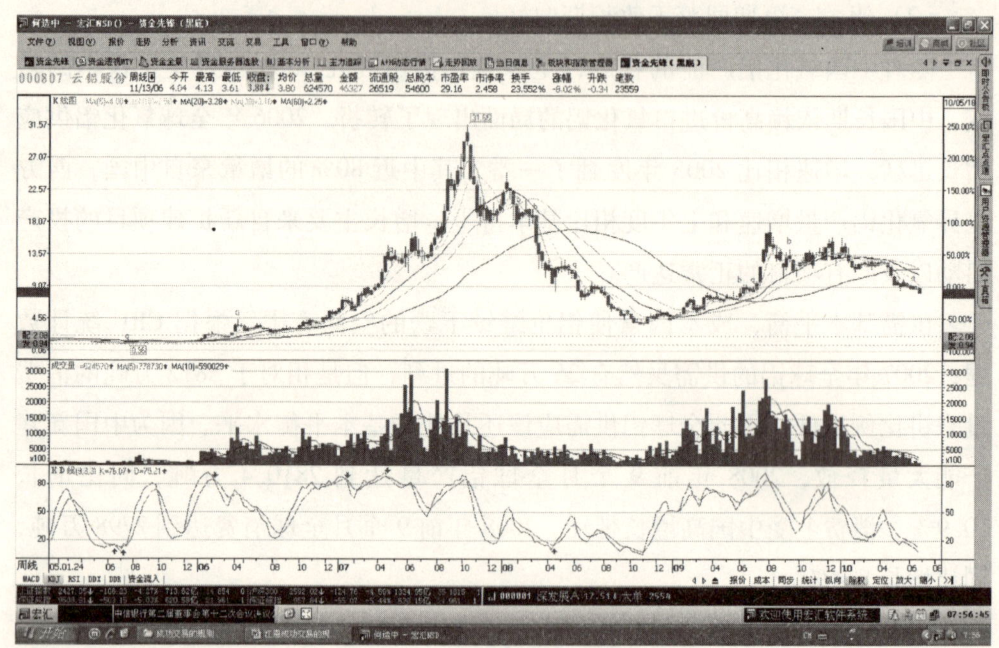

图 6－11

美国次级贷款危机后，锌市场的基本面确实变差了，2008 年供应过剩，而且供应过剩量有可能还比较大。根据国际铅锌研究小组最新的统计数据，2007 年 1～9 月份全球锌市场供应短缺 4.6 万吨，据此估计，全年供求将基本平衡，而 2007 年前的三年每年供应短缺超过 30 万吨左右。

在国内，锌矿原料供应虽然显著好转，但是矿山和冶炼厂在赢利方面的处境还是大有不同，矿山仍可以和冶炼厂在价格方面相抗衡，因此锌锭生产成本将支持锌价不会继续大幅度下跌。但是，另一方面，冶炼厂在综合回收方面的优势以及在期货市场的相对强势又可能在一定程度上给矿山带来一定的压力。总之，矿山和冶炼厂之间的较量会影响价格波动区间，特别是价格下限。

锌业类的主要上市公司是锌业股份，该股二级市场的表现为，2005—2007 年牛市期间，该股从 1.57 元上涨到 27.65 元，涨幅达 17.61 倍。2008—2009 年的反弹期间，从 2.15 元上涨到 7.65 元，涨幅为 3.55 倍。如图 6－12 所示。锌业股份 2008 年之后的走势明显落后于有色金属行业的整体走势。

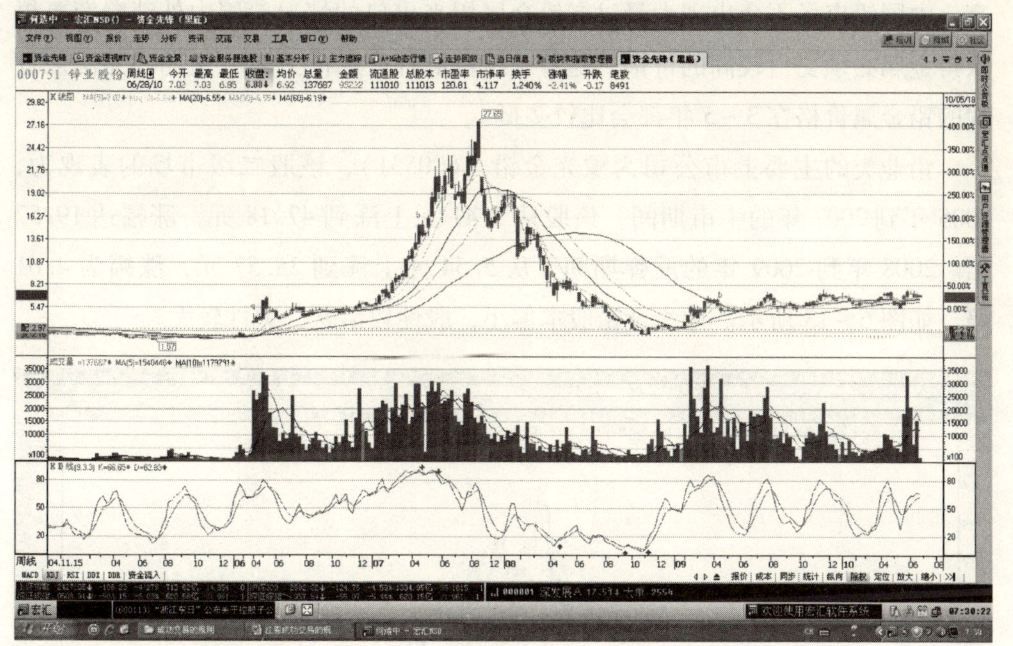

图 6-12

（4）铅——国内供需对全球影响巨大。

中国是铅金属最大消费国，中国消费量的增加也给绝大部分世界消费增量作出了贡献。2006 年全球精铅消费量在 805 万吨，同比增长 3.7%。和精铅产量类似，全球精铅消费的增加量几乎都集中在中国，西方世界消费量几乎没有变化。2006 年中国精铅消费量为 218 万吨左右，同比增长 14.1%。在精铅产量增速快于消费的情况下，2006 年全球铅市场供应缺口较 2005 年有所缩小为 2.6 万吨，预计 2007 年该缺口进一步扩大至 4.2 万吨。

中国目前是世界最重要的铅生产国和消费国，同时也是最大的精炼铅出口国。2000 年以来，中国的铅产量和消费量在全球的比重逐年提高，全球增加的产量和消费量几乎全集中在中国。

原材料供应紧张、中国需求旺盛推高未来铅价。近期铅价走势还存在一个不确定的因素，就是中国精铅出口政策的调整。

长期来看，近几年铅价能出现如此大幅上涨的根本原因是中国快速工业化进程带动了全球铅的消费，铅的价值得到了提升。未来几年，中国铅需求还将保持稳定增长，而在中国再生铅产量比例较低的情况下，铅循环利用程度不

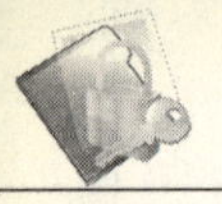

高，中国铅市场不会出现大量过剩铅金属用来出口的情况，国内外消费商要想获得金属必须支付较高的价格。随着全球资源性产品的升温，短期内无法被替代的铅金属价格在 3 ~5 年都会比较坚挺。

铅业类的主要上市公司为豫光金铅（600531），该股二级市场的表现为，2005 年到 2007 年的牛市期间，该股从 2. 41 元上涨到 47. 18 元，涨幅达 19. 57 倍。2008 年到 2009 年的反弹期间，从 5. 54 元上涨到 25. 57 元，涨幅为 4. 61 倍。如图 6 – 13 所示。豫光金铅股本偏小，股性较活跃，弹性较大。

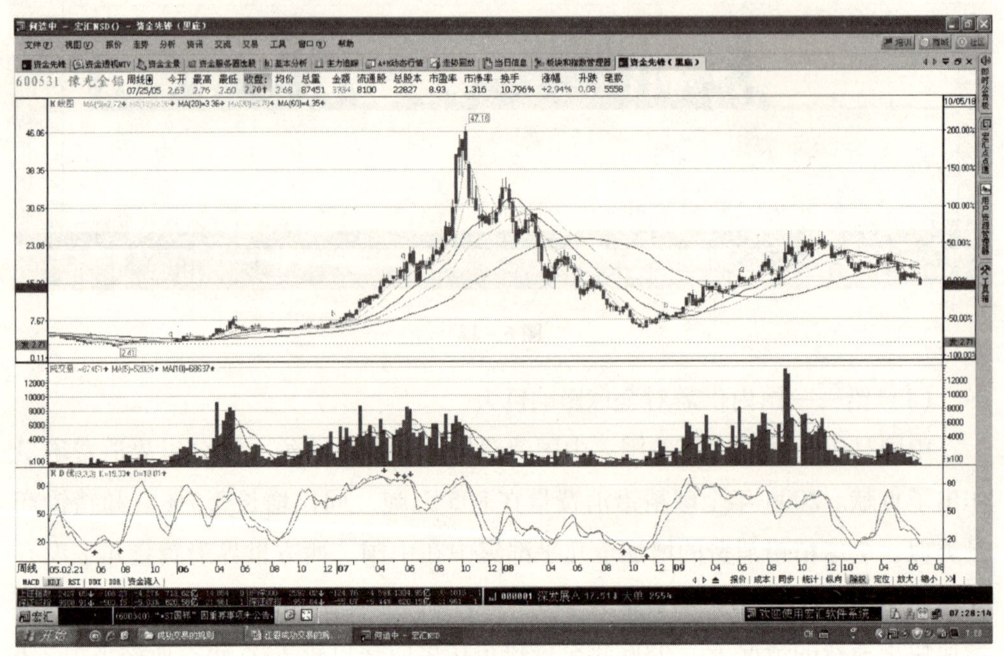

图 6 – 13

通过上面对铜、铝、锌、铅等四个子行业的讨论，可以看出，在中国经济连续多年的快速增长背景下，对矿产资源的需求决定了有色金属行业股票未来的走势。长期来讲，跟踪投机有色金属类股票，应该可以获得超额的投机收益，但由于有色金属行业属于周期性较强的行业，所以，股价的波动性很大，涨的时候明显强于大盘，跌的时候，与市场平均水平相比、跌幅也过大。同时，有色金属行业的各个子行业，也有区别。因此，在大的行业中选择有色金属行业投机的时候，也需要配置其他抵御性较强的行业股票，比如说医药、金融等。同时，就是在有色金属行业股票投机机会来临的时候，也需要分散投机到几个子行业去，不能把所有鸡蛋放到一个篮子里。这也是江恩认为需要规避集中投机的道理。

二、资本权重配置

在江恩的原著中，我们可以读到这样的文章：

把资本进行如此分配，就能够做7~10次交易。假如你有5000美元，每只个股交易100股并把风险限制在3~5个点以内。这样的话，即使连续亏损五六次之后也还有资本去操作。通过利润的运动，一次大的获利往往就可以弥补四五次小额的亏损。但如果遭受了几次大额损失却只赚到了几次小额的利润，最终就没有获利的机会了。

如果只能交易50股，那就在五种不同的股票中各做10股。根据所交易的个股的实际表现，在距目前股价以下3~5个点的价位设止损单。这些个股当中可能有两只对己不利，达到设定的止损价位，但其余个股可能并没有那么糟。这样，还能持有部分股票；如果这些个股朝着有利的方向发展，就可以弥补做其他股票造成的损失并产生利润。

这再明显不过了，作为一个著名的华尔街炒家，都深知集中投机带来的风险，何况是我们普通得不能再普通的“小股民”呢。这里说的小股民没有贬义，所以特意用双引号，我的意思是指我们面对市场都是弱者，弱者首先就要知道如何保护自己。

就我十几年的投机经验以及一段时间的咨询工作的总结，我认为，当有100万元的资本的时候，应该买3~5只股票，而且要分散于不同的行业，既要有周期性行业的股票，也要有防御性行业的股票；既要有激进型的领涨股票，也要有可能才刚刚启动或者即将启动的偏冷门的股票；既要有公司基本面良好，价值投资为主流的白马股，也要有基本面一般，但事件突出的黑马股（超额的收益可能来自于黑马股，但在抵御系统性风险时，还是白马股较强）。记住，这是我们十多年的投机心得，不是保守，而是清楚自己面对股市时，我们都是弱者。

用我建议的方法入市，如果入市的时机合适并且合理，从以往的记录来看，选定的所有股票全部达到止损点的可能性几乎没有。只在快速变化的活跃股当中交易，可能不会总是获得希望得到的利润，但这样会更为安全。这就是

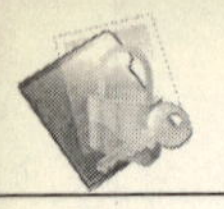

我的目的：教会人们安全交易，学会保护自己，尽一切可能减少损失并积累利润。

最后，江恩认为，如果一笔交易一开始就没有朝着有利的方向发展，那就是做错了。那么，为什么还要用更多的买进或卖出来摊薄交易成本呢？如果方方面面的形势每时每刻都在恶化，那么为什么还要拼尽全力使之进一步恶化呢？趁着为时不晚，迅速止损。所有投机者都应当记住，在所有的办法当中，最糟糕的一个办法就是过度交易，其次是不下止损单，再次就是摊薄亏损。只要不犯这三种错误，就会取得成功。把损失降至最低，增加利润，在股市朝着有利的方向发展而不是朝着不利的方向发展时连续买进或者增加买进或卖出的数量。

第七章

灵活善变，不要预设买卖价位

千万不要认为只要你坚持持有股票，就一定能够等到股票朝着于己有利的方向发展。这只不过是一种固执，毫无合理的逻辑或推论可言。

——江　恩

在文章的开篇，我们先来看一个案例分析：

卧龙电气公司主营业务发展情况：

公司产品主要包括电机与控制装置、UPS 电源、牵引变压器等三大类，其中电源与变压器受国内 3G 网络与高速铁路建设的拉动，销量将保持高速增长。新产品高压变频器、交流伺服控制系统均具有较高的技术附加值与较大的市场容量，使得公司发展不乏后劲。

一、经营动态

1. 存量业务，延续 30% ~40% 的增长。

公司属于微电机主导的完整产业链企业，除了电机及控制外，公司向网络能源、变压器等领域的延伸增强了公司的综合配套能力。从 2004 年以来的统计数据看，主营业务利润一直维持在 25% ~45% 的增长水平。从 2007 年中期的数据看，利润延续着历史的增长态势。我们预计，在未来相当长的时间内，增长格局不会改变。

2. 与“中铁建”合资提升铁路市场竞争力。

11 月 6 日，公司公告称，拟与“中铁建”（全称中铁建电气化局集团有限公司）共同出资设立中铁建银川·卧龙电气有限公司，其中，公司出资 7200 万元，占总股本的 40%。合资公司成立后，由其收购公司持有的银川卧龙变压器有限公司 40% 的股份，银川卧龙将成为合资公司铁路牵引变压器的生产基地。

从股权的变化看，卧龙电气减少了银川卧龙 40% 的股权，而增持了合资公司股权。我们了解到，合资公司主要生产包括电流互感器、电容补偿、综合自动化系统、移动式牵引变电站及铁路牵引变电所产品等在内的系统集成。如果不包括变压器，一套集成的价值为 800 万左右，相当于 3 台变压器的价值。按照我们估算的每年 140 座变电站计算，年市场规模在 11 亿元左右。另外，成套的综合毛利率预计为 30% ~35%，显著高于变压器。

还有，中铁建作为国内仅有的两家铁路建设企业之一，综合市场占有率在 50% 左右，合资公司成立后，将有助于公司变压器市场占有率的提高。

我们按照 50% 的市场占有率计算，成立合资公司后，公司的铁路市场营业收入将比原来的铁路变压器业务收入提高100%左右。考虑到新公司的业务拓展进度，保守估计2008年和2009年的增速预计不会低于50%。

3. 新的利润增长点逐步涌现。

公司2007年5月投资10000万元的研究院建设取得了阶段性突破，新的利润增长点将在2008年出现。研究院主要研究开发和生产制造高压变频设备、伺服控制驱动系统及电机、电气自动化设备、轨道交通牵引设备等四类产品。

从项目进度看，伺服控制驱动电机和高压变频设备已经取得阶段性成效。其中，缝纫机用的伺服电机和高压变频设备已经通过相关部门的鉴定，2008年将逐步进入生产阶段，并成为公司新的利润增长点。

缝纫机用的伺服电机作为提高生产效率的主要设备，以前主要依靠进口。近年来，国内厂商的市场份额得到了迅速提高，预计2007年可以达到50%左右。从国内企业竞争格局看，精伦电子（行情股吧）无疑是行业龙头，另外，方正电机、宁波应生也有一定的销量。公司计划2008年销售5万台左右，按照单价1500元/套计算，收入接近8000万元。产品毛利率为30%左右，预计可实现净利润1200万元以上。

高压变频，高起点能否带来高收益?

由研究院开发的高压变频6000伏的样机已完成生产，正进入调试运行阶段，预计年内可以完成，2008年将逐步推广。

高压变频作为节能设备，在我国尚属于新兴产业，使用面积并不广，以前的大部分产品都是进口，国际上的主要品牌有西门子、东芝、ABB、罗克韦尔等，国内厂商只有3~5家企业掌握核心技术并具有自主的研发能力和配套售后服务能力，主要包括利德华福、荣信股份、东方日立和智光电气等，但总体规模都不大。

公司的6000伏产品属于国内较为领先的产品，市场价格在60万—70万元/套，公司计划2008年实现销售50套以上、收入3000万元左右目标。虽然总体规模不是很大，但行业发展前景良好，有望维持50%以上的年增长。

4. 做资本市场的持续奔跑者。

公司作为机制灵活的民营企业，资本运作也较为活跃。在上市之前，公司曾成功收购灯塔能源，2006年以来，资本运作的频率显著提高，公司基本上每年都有收购或投资行为，成为业绩快速增长的重要因素。我们可以大胆预测，

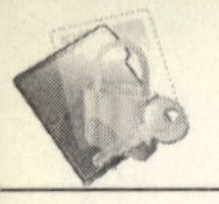

作为行业集中度不高的微电机主导的行业龙头企业，公司的资本运作将持续下去。

另外，公司也具备资本运作条件，除了我们上面提到的行业集中度较低的有利条件外，公司的财务状况也对资本运作有利。资产负债率除了2005年达到40%外，其他年份均只有30%左右，在制造业中属于较低的水平。随着公司规模的扩大，虽然资产中的现金比例有所下降，但仍在25%左右，充沛的现金流有利于公司资本运作的展开。

二、盈利预测与估值

1. 盈利预测假设条件。

（1）销售收入。

电机业务：工业电机、家用电机、微电机2007年增长分别为10%、20%和10%，2008年增长分别为40%、20%和20%，2009年增长分别为20%、20%和20%。新合并的振动机械业务2007年收入为10000万元，2008年增长40%，2009年增长30%；网络能源：2007年增长20%，2008年、2009年增幅相同；铁路系统：2007年增长60%，2008年增长50%，2009年增长50%。

（2）毛利率。

电机业务：工业电机、家用电机和微电机2007年维持2006年水平，2008年小幅调高0.5~1个百分点，2009年与2008年相同。震动机械2007年增长35%，2008年、2009年相同；网络能源：2007年增长20%，2008年、2009年相同；变压器：考虑到业务结构的调整，2007年增长22%，2008年增长24%，2009年增长28%。

（3）期间费用和其他占比不大的项目按照收入进行同比变化。

2. 估值。

依据预测，2007年、2008年和2009年每股收益分别为0.402元、0.630元和0.883元。作为快速成长的行业，我们认为，依照2008年业绩可以给予40倍市盈率，6个月目标的合理价位在25元左右，较目前有60%以上的上涨空间，我们维持“强烈推荐”评级。

这是2007年12月29日平安证券发布的一份卧龙电气（600580）的研究报

告。从报告的内容看，逻辑性强，观点明确。

现在我们每天都能看到证券公司研究所的研究报告，有深度研究报告、季度研究报告、月度研究报告，甚至每周都有研究报告。还有宏观研究报告、策略研究报告和行业研究报告。

开头我们看到的是一份卧龙电气研究报告。报告的关键部分为：赢利预测与投资评级。也就是机构对一个公司最后的评判。

从卧龙电气的这份报告，我们主要思考两个问题：

第一，证券公司研究报告中的赢利预测跟公司最终披露的实际业绩有多大的差别。平安证券预测，卧龙电气公司 2007 年、2008 年和 2009 年每股收益分别为 0.402 元、0.630 元和 0.883 元。公司实际的业绩 2007 年、2008 年和 2009 年每股收益分别为 0.361 元、0.456 元和 0.692 元。预测和实际比较，2007 年、2008 年和 2009 年每股收益分别相差为 0.041 元、0.174 元和 0.191 元。预测的业绩均高于公司实际披露的业绩。这又说明两个问题，一是平安证券高估了公司的赢利能力，二是公司赢利能力低于专业机构的预期。但不管是由于哪一个原因，预测和实际有偏差是不争的事实，这不是偶然，而是证券市场的常态，证明预测不可能精准，只能预测出大致的倾向性。

第二，证券公司研究报告中的估值跟上市公司二级市场的股价走势的差异。依照平安证券他们的逻辑，按照 2008 年业绩可以给予 40 倍市盈率，6 个月目标的合理价位在 25 元左右。从 2007 年 12 月 29 日报告形成之日后推 6 个月，即 2008 年 6 月 29 日（6 月 29 日停牌，这里实际采用的是 6 月 30 日的收市价）卧龙电气二级市场的收市价为 6.65 元。预测的股价跟实际的股价出现严重的误差。出现严重误差可能有两个原因，一是研究员在制做报告的时候，没有预计到 2008 年的市场是一个熊市；二是研究员在制做报告的时候，对全球的金融海啸对实体经济的影响估计不足。

客观来讲，平安证券这份卧龙电气的研究报告形成于 2007 年年底，2008 年全球经济形式这么严峻，最终预测的业绩跟公司实际披露的业绩误差并不算大，该研究员的研究水平可以算得上是一流的水平了。殊不知，2008 年绝大部分上市公司的股票走势都低于市场预期，有些还出现严重倒退，譬如中国平安（601318），2007 年每股收益为 2.054 元，2008 年每股收益只有 0.090 元。

至于二级市场严重的估计误差，主要是二级市场风云变幻导致的结果，这

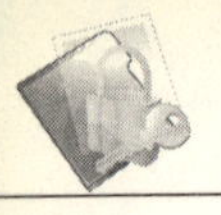

是无法预料的客观事实。如果按照平安证券研究报告中对2009年业绩预测给出2009年实际值的30倍的估值的话，为26.49元，这个估值跟卧龙电气2010年1月份的最高价25.05误差就很小了。如图7－1所示。

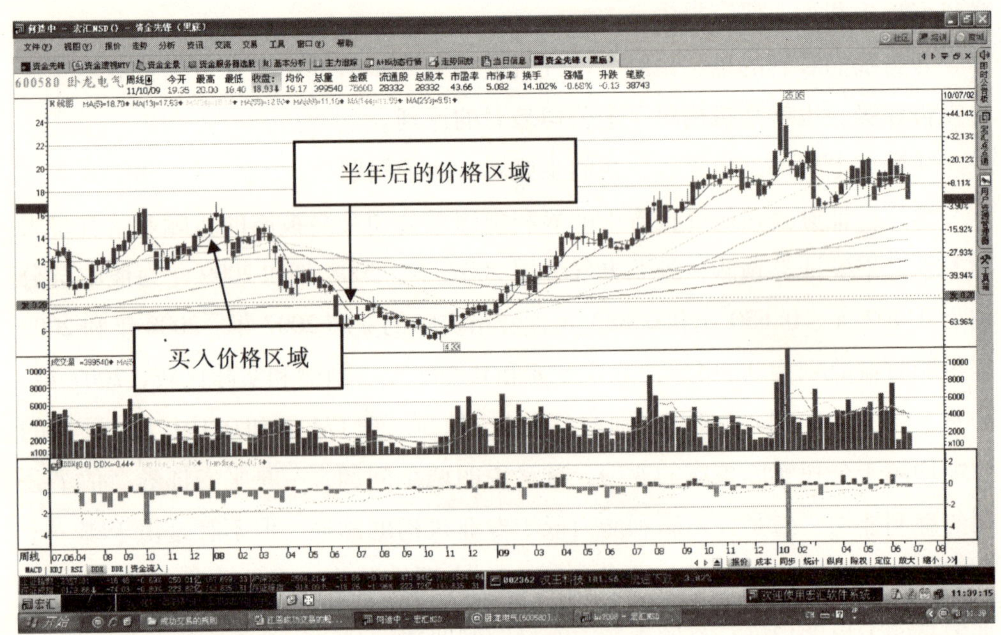

图7－1

需要解决的问题是，如果我们遵照研究报告给出的理由，买入卧龙电气，而且持有静待股价朝预期的方向发展，其结果将会是遭受重创。以2007年12月28日的收市价14.36元为基准，半年后的2008年6月30日，卧龙电气的收市价为6.45元。买卖点之间跌幅达55%。但如果遵照报告买入之后，把止损指令设置好，不但不会出现重大亏损，相反还会获得小幅的收益。从2007年12月28日的14.36元之后，卧龙电气最高还上涨到了2008年1月10日的16.97元，从报告形成到股价上涨到当时的最高，有18.17%的上涨幅度，这个涨幅是存在操作空间的。

从卧龙电气这个案例中，我们可以看到，股价的预测是一件很难的事情，因为二级市场股价的波动受太多因素影响。这就告诉我们，在实际操作中，事先预定价格的策略是有问题的。

这就印证了100年前江恩所说的：大多数人在买进或卖出股票时都有预先设定目标价格和获利数额的习惯。

“显然这样的做法并非有某种理由或原因，只不过是按照期望进行操作的一种坏习惯”。江恩如是说。

所以江恩给我们开出的药方是：进行交易时的目标应该是获取利润，但事先不可能确定交易某只股票预期能够获得多少利润。股市本身决定着人们获利的多少。必须做好准备只要趋势一旦发生变化就获利退出。记住，股市不会为了取悦于你，或者因为你想在某个价位或点位买进或卖出，就必然要达到那个价位或点位。

我们就卧龙电气这个案例来进一步解释不要预设买卖价位的理由。下面采用的是招商证券和中金公司两份深度研究报告。招商证券报告形成的时间为2010年5月4日，给出的参考价是18.03元。中金公司报告形成的时间为2010年5月17日，给出的参考价为17.98元。这两个参考价只相差0.05元。

招商证券公司预测卧龙电气2010—2012年每股收益分别为0.79、1.01和1.22元，按2010年30倍市盈率估值，目标价格为21.4～26.1元。

中金公司预测卧龙电气2010—2012年每股收益（增发前）分别为0.78、1.06和1.42元。采用分步估值加总法，并给予公司20%的收购能力溢价，目标市盈率定在31倍，对应目标价为24.5元。

从两个公司的业绩预测和给出的估值看，除了2012年的业绩有一定的差异外，2010年的业绩预测基本一致，给出的估值也吻合。证明市场对卧龙电气的预期比较一致。

下面就是两家公司的对卧龙电气深度的研究报告。

招商证券研究所研究报告：

第一，电机市场大幅增长，多种产品订单充足。

卧龙电气是我国电机行业的龙头企业，主要生产空调电机、微型家用电机和工业电机（包括震动机械）等全系列电机产品，销售收入处于我国电机行业首位。

2010年公司的变频空调电机需求量大幅增长，生产任务饱满，二季度和四季度将是交货高峰。伺服电机需求也大幅上升，主要原因是服装生产企业产能扩张，伺服电机主要用于缝纫机配套。预计2010年伺服电机的产量将扩大一倍。高速串激电机主要用于家用电器，订单保持稳定。工业电机订单也有较大增长。

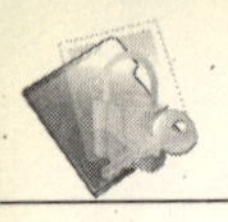

在新产品方面，公司研制的汽车 ABS 系统油泵电机已经通过产品认证，进入高端微电机市场。中央空调电机也开始批量供货。公司自主研发的大功率高压变频器 2009 年已开始批量生产，2010 年产量将超过 100 台。此外公司已研制出新型高效节能中小型电机，该产品较原有普通电机效率提高 3% ~5%，损耗降低 20% ~30%。2010 年公司将加快实现节能型电机的扩产。

第二，牵引变压器市场地位稳固，产能进一步提高。

公司变压器业务经营主体是银川卧龙变压器有限公司和北京华泰变压器有限公司。银川卧龙主要生产铁路牵引变压器和电力变压器。目前铁道部定点牵引变压器生产企业有三家，主要有银川卧龙变压器有限公司、云南变压器电气股份有限公司和长沙顺特变压器厂，三者合计约占我国铁路牵引变压器市场 80% 的份额，其中银川卧龙占据 40% 左右的市场份额。目前制约公司进一步增长的因素主要是产能问题。公司原有设计产能 500 万千伏安，经技术改造 2010 年产能有望提高到 900 万千伏。

在我国的高铁项目中，银川卧龙先后中标武广线、郑西线、沪宁线、沪杭线等项目，在手订单充足，预计 2010 年销售收入将大幅增长。2010 年至 2014 年是我国高铁建设的高峰期，对牵引变压器的需求将保持在较高水平，同时铁路电气化改造的市场空间也非常巨大。到 2012 年年底，我国铁路营业里程将达到 11 万公里以上，其中客运专线和城际铁路将达到 1.3 万公里，复线率和电气化率分别达到 50% 以上。

北京华泰是目前国内唯一能够生产成套牵引整流设备的企业，目前国内城市轨道交通牵引变压器厂商主要为北京华泰和顺特电气，两者所占市场份额合计为 80% 左右。卧龙电气于 2009 年 4 月收购北京华泰后，对其原有的国有企业机制进行了大幅调整，通过内部挖潜，2010 年产能将有所提高。北京华泰的在手订单主要集中在北京、南京和东北地区，未来公司将逐步加大在南方地区的市场开拓力度。

目前全国已有 25 个大中城市正在建设地铁，规划总投资超过 9000 亿元。截至 2008 年年底，我国城轨地铁运营里程已超过 800 公里；到 2016 年，营运里程将增至 2500 多公里，到 2020 年将达到 4800 多公里。根据我们对重点城市地铁项目的跟踪，2010 年全国城轨地铁新增运营里程超过 480 公里，比 2009 年增长 130%。城市轨道交通每 2 公里需要一个变电站，一套变电站设备的投资在140万元左右，预计未来三年的市场空间在10亿元左右。

第三，蓄电池产品收入稳定，积极开发锂离子电池产品。

公司控股子公司——卧龙灯塔是移动基站用UPS的龙头企业之一，产能为80万千伏安/时，占市场份额的7%左右。在中国电信2009年度集中采购招标的2V系列和12V系列中，卧龙灯塔综合排名第四。

卧龙电气与哈工大合作开发磷酸铁锂蓄电池产品，并将其作为公司增发项目之一。公司计划建成20万千伏安/时锂离子电池产能，生产的首批磷酸铁锂蓄电池将首先在电信领域试用，未来将逐步扩展至光伏和风电蓄能领域。公司将来可能还会涉及蓄电池正极材料的生产。公司生产的锂离子电池预计使用寿命为5年，价格为同类铅酸电池的4~5倍，但未来5年之内随着技术的发展锂离子电池的价格将下降至铅酸电池的1.5倍左右，这将有利于锂离子电池市场的快速发展。

预计2010年公司的蓄电池业务收入增速在15%左右，未来该业务的增长将主要取决于锂离子电池的产业化进程。

第四，增发方案加强公司三大主业竞争实力。

公司于2009年11月公告，拟公开增发不超过8000万股，募集资金不超过10.8亿元，其中5.2亿元投资上虞高压、特高压变压器项目，3亿元投资高效节能中小型电机改造项目，1.5亿元投资大容量锂离子电池项目，1.1亿元补充流动资金。

2010年4月9日，该增发方案获得证监会审核通过，目前正在等待正式批文。增发项目的基本情况如下：

1. 高压超高压变压器项目：该项目由上虞卧龙变压器有限公司进行，总投资5.2亿元，建设期2年，主要生产高压和超高压变压器产品。项目完成后新增变压器产能1697万千伏安，可实现年销售收入9.4亿元，利润总额1.49亿元。根据项目的进展情况，预计2010年年底可完成变压器厂房的建设，2011年将开始生产。该生产基地将成为卧龙电气在南方的铁路牵引变压器、城市轨道交通牵引变压器和电力变压器的重要支点。

2. 高效中小型电机项目：总投资3亿元，项目建设期2年，建成后新增产能在400万千瓦（56万台）左右，可实现年销售收入6亿元，利润总额1亿元。公司分别按照美国和欧盟的电机标准设计的高效中小型电机，在海外具有

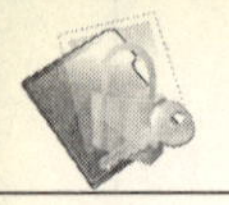

较大的市场空间。目前公司正加紧电机厂房的扩建工作。

3. 锂离子电池项目：该项目由卧龙灯塔实施，总投资 1.5 亿元，其中固定资产投资 1.2 亿元，建成后形成 20 万千伏安/时的锂离子电池，可实现年销售收入 4 亿元，利润总额 6723 万。预计 2010 年 5 月份公司的生产设备将初步到位，7 月份有望进入试生产阶段。进一步量产计划要视首批产品的试用情况而定。

第五，企业并购将带来超预期增长。

卧龙电气自成立以来完成了多起收购项目，具有很强的收购重组能力。卧龙电气于 2002 年收购的浙江卧龙灯塔电源有限公司和于 2005 年收购的银川卧龙变压器有限公司，使公司成功进入蓄电池和铁路牵引变压器行业，并成为行业的龙头企业。2009 年 4 月公司又收购了北京华泰变压器有限公司，进入城市轨道交通变压器和成套整流设备领域。

未来公司将继续在现有电机、变压器和蓄电池三大业务领域中进行企业并购，预计 2010 年内将完成新的收购项目，从而为公司带来超预期的增长。公司控股的上海卧龙国际商务股份有限公司主要是为公司未来进行海外企业并购进行人才储备。公司将逐步把收购视野扩展至海外市场。

第六，投资收益有望迈上新台阶。

卧龙电气的投资收益主要来源于参股的绍兴市商业银行和浙江卧龙置业投资有限公司。公司目前持有绍兴商业银行 7400 万股，占其总股本的 7.52%，是其第二大股东。绍兴商业银行连续三年入选全国城商行 50 强，排名全国城商行第九位。该银行业务稳定，不良贷款率较低，预计未来每年贡献投资收益可稳定在 900 万元左右。

卧龙置业投资有限公司是卧龙电气参股公司之一，卧龙电气持有其 19.15% 的股权。卧龙置业持有卧龙地产 62.85% 的股权，是其第一大股东。卧龙地产主营房地产开发，项目分布在全国二、三线城市。目前公司 2010 年和 2011 年地产销售收入基本确定，2010 年相对于 2009 年预计将有 80% 以上的增长。我们预计 2010 年和 2011 年卧龙置业投资有限公司每年贡献投资收益预计在 2800 万元左右。

综上所述，2010 年和 2011 年卧龙电气投资收益有望达到 3700 万元左右。

第七，赢利预测与投资评级。

我们对卧龙电气的业绩预测基于以下假设：

1. 由于变频空调电机、伺服电机、中小型节能电机的市场需求大幅提高，2010年公司电机收入增速将达到37%左右。电机毛利率因原材料成本增加而略有下降。

2. 变压器业务由于高铁订单饱满，公司通过技术改造和内部挖潜，在产能上有了进一步的提高，2010年变压器收入将增长1倍左右。变压器毛利率波动较小。

3. 2010年蓄电池业务增速较2009年将有所恢复，收入增速在15%左右。毛利率因原材料成本升高而有所下降。

4. 随着宏观经济和海外市场的回暖，2010年公司贸易收入将较2009年有较大改善，预计全年收入增长将达到20%左右。

如暂不考虑增发摊薄的影响，我们预计公司2010—2012年每股收益分别为0.79、1.01和1.22元，按2010年30倍市盈率估值，目标价格为21.4~26.1元，上调至“强烈推荐—B”的投资评级。

风险因素：公司电机产品市场受宏观经济的影响较大，具有明显的周期性。蓄电池业务受电信行业基站建设投资的影响很大，业绩具有不可控性。目前公司主要通过不断开发新产品，扩大电机产品和蓄电池产品的应用领域来减小公司整体业绩的波动。

中金公司研究所研究报告：

第一，高铁牵引变压器之王。

高铁电气设备景气状况可持续至2014年。电气设备招标晚于铁路施工两年左右，目前只有武广、郑西、沪杭、沪宁等四条高速铁路项目进行了电气招标，而其他高铁项目电气招标都未开始。今后将随着京沪、哈大、京石、石武等客运专线的陆续招、投标，铁路用牵引变压器将迎来真正的高峰期。如果说2012年是高速铁路建设的高峰，那么2014年将是铁路用电气设备发展的高峰期。根据目前的建设情况，每50公里，需要一个变电站，两台牵引变压器，价格在500万元到2000万元不等（容量不同价格不同），2009年至2012年将新增电气化铁路2.5万公里，变压器需求将在100亿元左右，年均市场为25亿元。

卧龙电气是我国铁路牵引变压器的领军企业。国内市场中铁路牵引变压器

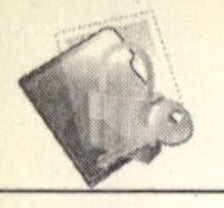

目前基本由银川卧龙、云变股份、长沙顺特生产，这三家企业合计占有牵引变压器市场份额80%以上。卧龙电气自90年代初就开始为国家电气化铁路提供各类牵引变压器。目前卧龙电气在高铁市场的份额超过50%。在已运行的京广高铁、武广段、郑西高铁、沪宁高铁、沪杭高铁均采用卧龙电气生产的铁路专用变压器。特别值得一提的是，标志性工程武广线上卧龙产品占有率高达80%。银川卧龙变压器厂2009年实现收入3.8亿元，同比增长80%。

公司也是城市轨道交通的受益者。国内城轨牵引变压器市场目前为两家厂家所主导，一为万家乐旗下的顺特电气，另一家为公司控股子公司北京华泰。卧龙电气下属的北京华泰变压器厂（控股51%，2009年华泰营业收入0.83亿元），主要生产电力变压器和城市轨道交通用成套牵引整流设备，是国内唯一一家可以生产成套整流牵引设备的企业。2009年北京地铁牵引设备招标中，华泰在共计4条线路中，独中三条（房山线、昌平线、大兴线）。北京市已开通运营的地铁1号线、2号线、3号线、5号线、8号线（奥运支线）、13号线、八通线以及即将开通的4号线等均采用的是华泰公司的产品，其产品在北京地区的市场占有率高达九成。天津、重庆、大连、南京、长春、武汉等城市的轨道交通也大量采用了华泰公司的产品。

第二，收购整合能力卓越。

公司历史上共进行了四次兼并收购，体现了超群的整合能力。灯塔电源和银川变压器厂的业绩在收购之后出现了质的飞跃，并成为上市公司利润的主要来源，2009年两个子公司的总净利润占到合并报表利润的68%。近期收购的华泰变压器厂亦将取得利润的显著增长。

收购灯塔：2002年花费850万元收购的灯塔电源公司，主营业务由电机扩展至蓄电池。灯塔公司的净利润由2002年的96万元迅速增加至2009年的6500万元。

收购湖北电机：2003年花费1000万元收购的湖北电机厂，主营业务由低压电机扩展至高压电机。不过，由于该子公司的产品规格与需求不符，收购至今利润表现平平。卧龙电气意识到这个问题，已于今年进行了资金投入，提升了产品参数并扩张产能。

收购银川变压器厂：2005年花费2300万元收购的银变公司，主营业务由电机、蓄电池扩展至铁路牵引变压器。银变公司的净利润由2005年的163万元迅速增加至2009年的6900万元。

收购华泰变压器厂：2009年花费4080万元收购华泰变压器厂51%的股权，主营业务扩展至轨道交通牵引变压器。

我们认为，公司历史上收购的成功案例体现的不是偶然和幸运，而是反映了清晰的发展战略、高效的执行力、优秀的整合能力。我们相信基于这些素质，收购带来的发展机遇是可以复制的。

第三，电机迎来需求复苏。

卧龙电气的电机收入约有一半来自出口，2008—2009年受到金融危机的影响，增幅明显放缓。电机收入同比增速由2007年的34%下降至2008年的7%，2009年甚至出现了下滑。不过据我们了解，自从2009年第4季度开始，电机出口已出现回暖势头，新客户不断涌现。我们预计受低基数影响，电机收入将出现同比的大幅度反弹。

第四，财务预测。

我们预计，公司2010—2012年每股收益（增发前）分别为0.78、1.06和1.42元，同比分别增长45%、36%和35%。电机业务和变压器业务将是公司未来成长的主要动力。

电机：随着出口的复苏，电机收入可望于2010年同比增长60%。展望2011—2012年，受益于国内经济的增长以及海外市场的开拓，电机收入的增速仍将维持在30%左右。毕竟卧龙电机的市场份额不到2%，份额提升的空间很大。看得更长远一些，“电机+控制系统+变频器”的系统解决方案模式将获得突破，推动公司电机业务市场份额的提升。

变压器：高铁牵引变压器的景气周期将延续至2014年，之后轨道交通牵引变压器业务将接过火炬，维持成长的连续性。毕竟，北京华泰目前仅是区域型的轨道交通变压器企业，卧龙电气将通过增资和管理注入为华泰的区域扩张和由小变大提供支持。

公司已获得证监会批文，2010年5月24日公开增发5468万股，增发价17.74元，筹集资金9.7亿元，主要投向变压器、节能电机和锂离子电池。

变压器：该项目主要针对电力变压器，市场分歧较大，反对的声音主要是质疑电力变压器行业的产能过剩。但据我们了解，该产能可以用于生产铁路变压器，相信公司会根据订单情况灵活调整产品构成。

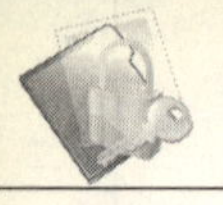

节能电机：目前是小型电机的升级产品。

锂离子电池：目前是通讯铅酸蓄电池的升级产品。长远来看，公司亦关注未来电动汽车的发展，“锂电池＋新能源汽车电机”打捆销售模式也已进入公司长期战略议事日程。

第五，估值与建议。

我们采用分部估值加总法，并给予公司20%的收购能力溢价，目标市盈率定在31倍，对应目标价24.5元，股价有36%的上涨空间。

电机：2010年贡献每股收益0.30元，给予25倍的目标市盈率（可比公司中值30倍），贡献目标价7.4元。

特种变压器：2010年贡献每股收益0.29元，给予35倍的目标市盈率（可比公司中值37倍），贡献目标价7.4元。

蓄电池：2010年贡献每股收益0.15元，给予15倍的目标市盈率（可比公司中值29倍），贡献目标价2.2元。

图7－2是卧龙电气2010年上半年的走势图，读者朋友自己去评价，自两家证券公司研究所报告形成之日后，卧龙电气半年后的二级市场价格跟两家证券公司预测的价格相差几何，并判断预设买卖价格的优劣程度。

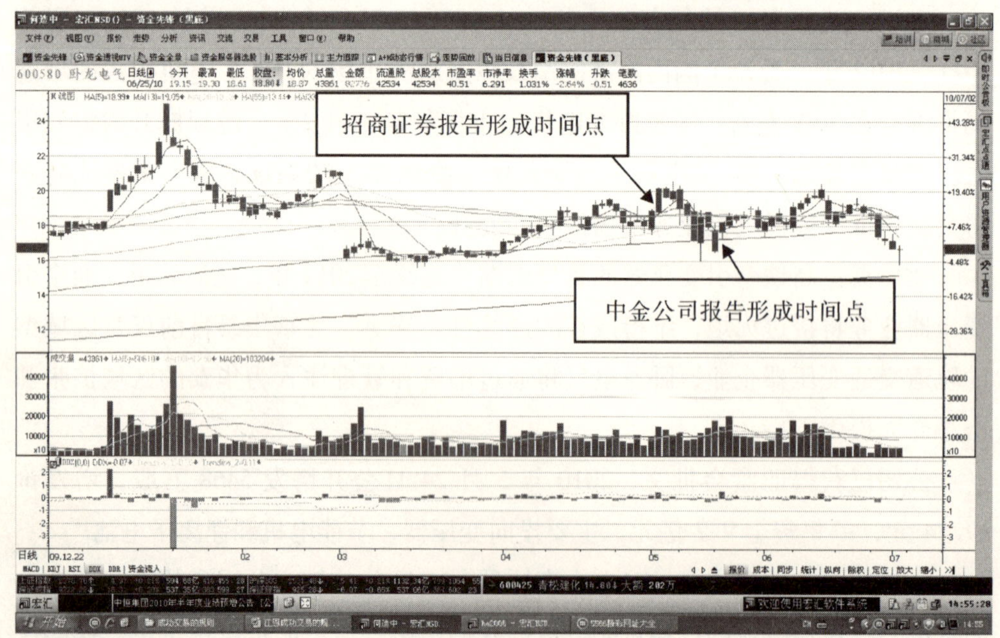

图7－2

江恩是不赞成事前预设买卖价格的。所以他开宗明义地说：很多交易者就因为把价格设定在他们希望卖出的价位才损失了大笔的利润。有时候，股价在与他们预设的卖出价只差2、3或4个点时就开始下跌。他们还是满怀希望地不肯卖出。只是因为股价没有达到他们心中设定的卖出价，常常满怀希望地继续持有，直到失去所有利润，造成亏损，也不愿意承认趋势已经改变。在股市上，只要一个人按照自己的期望操作就会破产。要获得成功，就必须面对现实。现实经常是冷酷的、不合情理并且与人们的期望背道而驰，如果从个人利益出发就必须接受现实。有鉴于此，江恩还例证分析：

对于股市上几乎所有的牛市行情或熊市行情，公众都会在心中设定股票会达到的最高点或底点。报纸上会说到某些受到热捧的股票会达到100点、125点、150点或175点。所有人都认为股票会达到这些价位，而这些价位就成了无法实现的“预期”价位。

下面，举例说明这一点。1909年秋，股票牛市行情最为高涨时美国钢铁普通股上涨到90点左右。报纸上开始谈论“可爱的美国钢铁股”的100点，公众普遍从心底认为美国钢铁肯定会升到100点并把100点当作人们套利卖出的点位。作者本人却预测美国钢铁股最高也就能够达到94.875的点位。当股价达到这一点位时，作者就卖出了；而满怀期望的那些人继续持有，到最后只有接受造成的损失，因为美国钢铁股票最终跌至38点。又过了几年，这只股票的确到了100点。只不过这一次，100点不再是卖出点位而是买进点位，因为股票很快就狂涨到了129.75的点位。

最后，江恩给我们开出了这样一味药方：

一般来说，想要等到股票到达极端点位（顶部或底部）的人，往往会把所有利润都赔进去。要赚取大笔利润，也不必非得在底部买进、在顶部卖出。要看一看活跃的领头股，就会发现，每隔几年这些股票都会出现几次在底部和顶部之间波动50~150个点的行情。那么，如果能够在股票高于底部10个点时买进而在距离顶部10个点时卖出，你自然就能积累很多利润。

而且提出这样的忠告：

千万不要认为只要你坚持持有股票，就一定能够或者一定会等到股票朝着于己有利的方向发展。这只不过是一种固执，毫无合理的逻辑或推论可言。如果有疑问就退出，千万不要犹豫，贻误时机非常危险。要像内行人那样行事：

如果无法得到想要得到的东西，就接受可以得到的东西；如果股市不接受人们所提供的东西，人们就提供股市愿意接受的东西；如果股市不顺应人的意愿，人就要顺应股市去操作。聪明人会改变主意，傻瓜则永远不会。

第八章

胆大心细，把握买卖时机

在形势有利时耐心持有、在形势不利时迅速退出，就会获得成功。

——江　恩

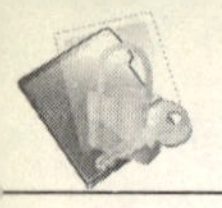

股票投机是一项技巧性很强职业，当我们买入的时候，如果买早了，买入之后，股票继续下跌，短期内建好的仓位面临一定幅度的浮亏；如果买迟了，那么股价上涨了一定幅度，不但建仓成本高企，而且可能面临买入之后，股价出现波动，错过获利的最佳时点。就我们的理念心得，买股票的时候，用左侧交易的思路分析股票，用右侧交易的思路买入股票。

卖股票的时候，如果卖早了，卖了之后，股票继续上涨，甚至可能一段最佳获利机会就此错过；如果卖晚了，股票已经见顶回落，这时不但可能赚取的利润回吐出去一部分，甚至可能出现由赚变亏的尴尬局面。

由此可见，把握股票买卖时机，对获得最大收益极为重要，但这谈何容易呢！

江恩认为，当持有一种仓位的时候，绝对不要一有利润就交割。在形势朝着有利的方向发展时，不要轻易卖出。当受到利润的诱惑想要交割时，想想如下几个问题："我需要这笔钱吗?""这一波行情结束了吗?""我必须卖出吗?"以及"我为什么要急于获利呢?"

因此，江恩的做法是：看一看自己绘制的股市行情变化图，然后根据股市行情变化图的指示去操作。如果股市行情变化图没有表明趋势在改变，就等等再说。要用止损单来保护已有的利润，但不要过早地套利。过早地套利跟过晚割肉同样糟糕。在形势有利时耐心持有、在形势不利时迅速退出，就会获得成功。

根据我对江恩理论的理解，认为在这四种情形下买卖股票，是一种较为理性的做法：第一，公司披露重大利好时买入。第二，公司披露重大利空时卖出。第三，在公司基本面转好时买入。第四，在公司基本面转坏时卖出。

下面我们就具体的案例来解读各种股票买卖的时机：

一、公司披露重大利好时买入

随着中国对股票市场监管力度的加大，内幕交易成为管理层主要打击的犯罪行为，这就为上市公司信息披露的公开、公平和公正提供了有力的保障。二级市场的股价一旦发生异常波动，上市公司就有义务自查是不是有信息披露不及时之嫌。如果有，应该马上纠错，及时澄清和把信息公开。

在此背景下，及时把握上市公司信息披露时的买卖时机，已经成为各方追求投机收益的一剂良药。及时披露信息的上市公司的典范，非白云山（000522）莫属。

2009 年 10 月 30 日，白云山的股价突然放量涨停，第二个交易日也就是 11 月 2 日继续封死涨停。

白云山 A 股价格于 2009 年 10 月 29 日、30 日和 11 月 2 日连续三个交易日内收盘价格涨幅偏离值累计达到 20%，根据有关规定，属于股票价格异常波动。上市公司有义务自查有没有重要信息该披露而未披露。当时正是“甲流”暴发时期，而白云山公司有类似的药品，因此，在 11 月 3 日，公司停牌一个小时，并披露了如下信息：

1. 2005 年底禽流感疫情时期公司开始了磷酸奥司他韦及其胶囊（达菲）的仿制，成功研制出合格的磷酸奥司他韦原料及胶囊，目前已完成该项目的产业化研究。

2. 鉴于当前“甲流”疫情防控十分紧迫，公司分公司——广州白云山制药总厂已向国家食品药品监督管理局提交了“提前受理我厂仿制磷酸奥司他韦原料及胶囊的注册申请”的报告，希望启动绿色通道提前批准生物等效性试验，但目前没有获得答复。

3. 该产品从等效性实验到中请生产批义再到批量生产、上市销售等环节均存在不确定性。

关于公司拥有土地情况：公司及公司控股子公司现拥有土地面积约合 1300 亩，其中约 1000 亩土地位于白云区；另 300 亩土地为 2001 年重组置换进入公司的子公司拥有，分散于广州市其他区域。受广州市城市规划及工厂产能限制影响，部分控股子公司将陆续迁出城中心区域，公司已着手对该部分工厂搬迁及土地处置问题进行研究。目前无明确的搬迁时间表和土地处置方案，也无法预测该等事项对公司的影响。

近期公司生产经营情况正常，内外部经营环境未发生重大变化。公司生产的抗感冒抗病毒药品板蓝根颗粒、清开灵系列等产品受甲流疫情影响，销售增长较快，但由于公司生产的药品品种门类众多，该等产品销售的增长对公司整体业绩影响不大。

经董事会确认，公司目前没有任何应予以披露而未披露的事项或信息。

尽管如此，被点燃的白云山股价并没有因此而停止上涨的步伐，而是承接已经形成的上涨势头，继续放巨量大幅上涨。11 月 3、4、5 日三个交易日都封死涨停。迫使公司因股价异常波动将于 11 月 6 日起再次停牌公告：因白云山 A 股票交易价格涨跌幅偏离值累计异常，公司将按照相关规定刊登股票交易异常波动公告。公司股票将于 2009 年 11 月 6 日起停牌，待公司披露相关公告后复牌。

到 11 月 16 日，白云山公司再次刊登公司不存在应披露而未披露重大事项公告，公告如下：

白云山 A 公司不存在应披露而未披露重大事项公告。

白云山 A 股票交易价格从 2009 年 11 月 3 ~ 5 日连续三个交易日涨幅超过 20%，涨幅偏离值累计异常，属于股票价格异常波动。

经再次征询公司控股股东和公司管理层，公司不存在应披露而未披露的重大事项，也不存在处于筹划阶段的可能影响公司股价的重大事项，并在三个月内不筹划重大资产重组、收购、发行股份、股权转让等重大事项；控股股东广州医药集团有限公司在公司股票交易异常波动期间未买卖公司股票。

现将关于“磷酸奥司他韦”仿制药品“福泰”的研制进展情况、关于公司拥有土地情况、近期公司生产经营情况等事项予以公告。

现将关于“磷酸奥司他韦”仿制药品“福泰”的研制进展情况、关于公司拥有土地情况、近期公司生产经营情况等事项予以公告。

1. 关于“磷酸奥司他韦”仿制药品“福泰”的研制进展情况。

(1) 鉴于当前“甲流”疫情防控十分紧迫，本公司分公司广州白云山制药总厂已向国家食品药品监督管理局提交了“提前受理我厂仿制磷酸奥司他韦原料及胶囊的注册申请”的报告，希望启动绿色通道提前批准生物等效性试验(详见本公司 11 月 3 日编号 2009—025 的临时公告)。截至目前公司仍没有获得回复。

(2)“磷酸奥司他韦”仍处于专利保护期，本公司未得到专利权人实施专利的授权许可。公司无法判断上述注册申请是否会得到批准，也无法判断是否会得到国务院专利行政部门关于实施该药品专利的强制许可。该产品从等效性实验到申请生产批文再到批量生产、上市销售等环节均存在不确定性。

2. 关于本公司拥有土地情况：

本公司及下属企业现拥有土地面积约合1300亩，其中约1000亩土地位于白云区；另约300亩土地为2001年重组置换进入本公司的子公司拥有，分散于广州市其他区域。上述用地基本为本公司及下属企业生产经营和办公用地，不属于土地储备。本公司近五年内没有对位于白云区的企业进行搬迁或出售该区域近1000亩土地或改变用途进行房地产开发的计划；受广州市城市规划及工厂产能限制影响，位于市中心区的部分企业将陆续迁出城中心区域，涉及用地不超过300亩，公司已在着手对该部分工厂搬迁及土地处置问题进行研究，目前无明确的搬迁时间表和土地处置方案。根据国家和地方的相关政策，预计本公司企业搬迁及土地处置扣除成本后，不会给本公司带来大额损益。本公司特提醒投资者注意，不能简单地以周边商业用地的市场价值来评估本公司上述土地的价值。

3. 近期公司生产经营情况正常，内外部经营环境未发生重大变化。

（1）本公司生产的抗感冒抗病毒药品板蓝根颗粒、清开灵系列等产品受“甲流”疫情影响，销售增长较快。经初步核算，2009年1～10月份，本公司持股50%的合营企业广州白云山和记黄埔中药有限公司生产的板蓝根系列销售收入3.16亿元，同比增长约25%；本公司全资子公司广州白云山明兴制药有限公司生产的清开灵系列销售收入1.71亿元，同比增长约20%。由于公司生产的药品品种门类众多，该等产品销售的增长对公司整体业绩影响不大。

（2）广州白云山和记黄埔中药有限公司是本公司与广州和记黄埔中药（香港）投资有限公司共同投资设立的合资企业，双方各占50%的股权。该公司属于本公司与其他方共同控制的被投资企业，本公司采用权益法核算，不纳入合并财务报表的合并范围，其产生的损益按股权比例在投资收益进行确认。

目前该公司与美国国立卫生研究院（NIH）就白云山板蓝根颗粒抗病毒机制的研究取得阶段性成果，并正在进一步深入验证。为更好地保护该产品的知识产权，该公司初步计划就研究成果申请美国专利。该药品申请美国专利从申请、受理到核准均具有不确定性，美国专利从申请到授权通常需要5～6年，目前预计该事项对本公司业绩不会产生影响。

该公司近期有四个项目入选《国家中长期科学和技术发展规划纲要(2006—2020年)》确定实施的16个重大科技专项，包括两个创新药物研发项目和两个创新平台建设项目。其中《治疗缺血性中风新药BYS－HWL01的研

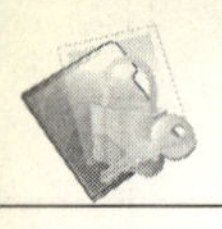

究》系候选药物研发课题；《中药五类新药络塞通片的研制开发》系创新药物临床前研究课题；《中药提取分离关键技术的中试放大平台》和《中药生产技术及过程控制技术标准平台》是创新药物研究开发技术平台建设课题。以上课题由该公司申报或该公司与其他单位联合申报。课题研究属于公司日常开展的科研工作，有利于提高该公司技术水平，促进该公司的长远持续发展。但该等课题尚处于研究阶段，短期内对公司的业绩没有影响，本公司亦无法评估对公司未来业绩的影响。

4. 本公司及本公司控股子公司广州白云山光华制药股份有限公司（下称“白云山光华”）于2009年11月10日被广东省高新技术企业认定管理工作领导小组办公室列入广东省2009年第一批拟认定高新技术企业公示名单。若本公司及白云山光华被认定为高新技术企业，则获得认定资格后三年内（含2009年），可享受按15%的比例缴纳企业所得税的税收优惠政策，经初步评估将使本公司2009年度合并报表归属于母公司的净利润增加约3000万元（最终数据以审计结果为准）。考虑上述因素，预计公司2009年度实现的净利润在8023万~11080万元之间，相比2008年度净利润的增长幅度在5%~45%之间。

入选高新技术企业公示名单的公告

白云山A及控股子公司广州白云山光华制药股份有限公司根据有关规定，于2009年8月向广东省高新技术企业认定管理工作领导小组办公室递交了高新技术企业申报相关资料。经广东省高新技术企业认定管理工作领导小组办公室组织专家评审、抽取部分企业现场考察等程序，广东省高新技术企业认定管理工作领导小组办公室于2009年11月10日将公司及白云山光华列入广东省2009年第一批拟认定高新技术企业名单予以公示，公示期为15个工作日。

根据相关规定，公司及白云山光华获得高新技术企业认定资格后三年内（含2009年），可享受按15%的比例缴纳企业所得税的税收优惠政策。

经初步评估，如公司及白云山光华被认定为高新技术企业，上述税收优惠政策将使公司（母公司）2009年度净利润增加约2900万元、白云山光华2009年度净利润增加100多万元，预计将使公司2009年度合并报表归属于母公司的净利润增加约3000万元（最终数据以审计结果为准）。

截至公告日，拟认定高新技术企业名单尚在公示期间，公司尚未收到相关部门颁发的相关证书或正式批准文件，该事项后续进展情况公司将及时予以披露。该事项存在不确定性，敬请广大投资者注意风险。

白云山披露了如此详尽的信息，不但没有使疯狂的上涨行情停下来，反而是好像火上浇油，11 月 16 日高位强势震荡一天之后，接下来的两个交易日继续大幅上涨。至此，白云山在短短 9 个交易日，从 8.16 元上涨到 16.65 元，累计涨幅高达 2.04 倍。

从二级市场的角度看，第一次也就是 2009 年 11 月 3 日披露公司有抗“甲流”药品那天买入的话，以开盘价 10.97 元计算，在未来五个交易日，还可能取得最少 30% 甚至 50% 的超额收益。如图 8－1 所示。

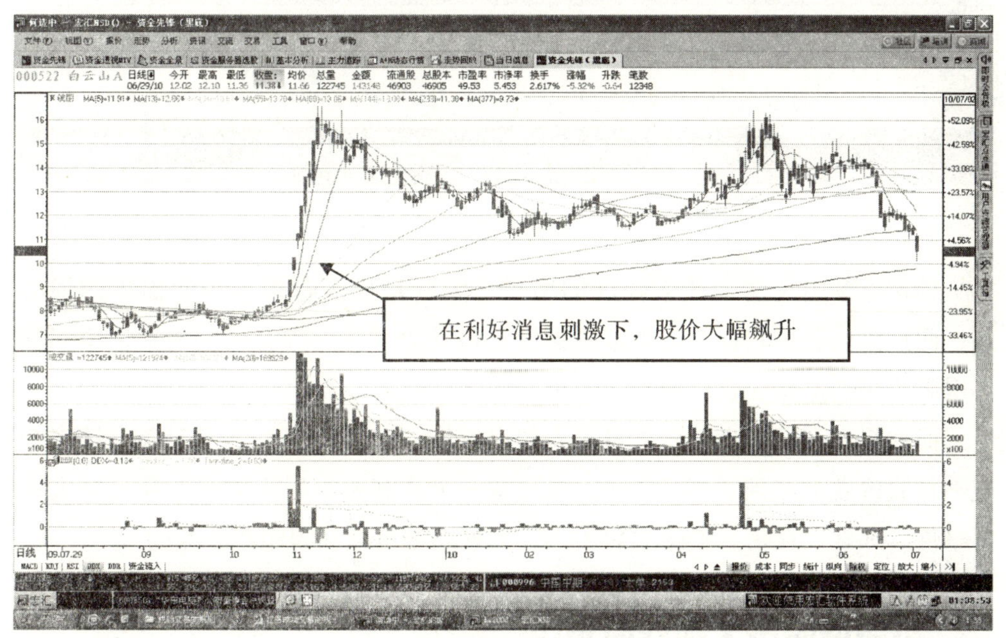

图 8－1

利好消息披露之后，大幅上涨的股票还有华润锦华（000810)。2010 年 6 月 30 日，公司刊登了《业绩预告公告》，公告称：由于纺织业务持续好转，营业利润大幅增加，预计 2010 年 1～6 月华润锦华公司净利润和基本每股收益增长 460%～490%。

在这则重大利好消息的刺激之下，2010 年 6 月 30 日，华润锦华一改之前的颓势，当天即告涨停，接着在大盘环境连续创 2010 年新低的背景下，该股还连续两个交易日涨停。强势格局可见一斑。如图 8－2 所示。

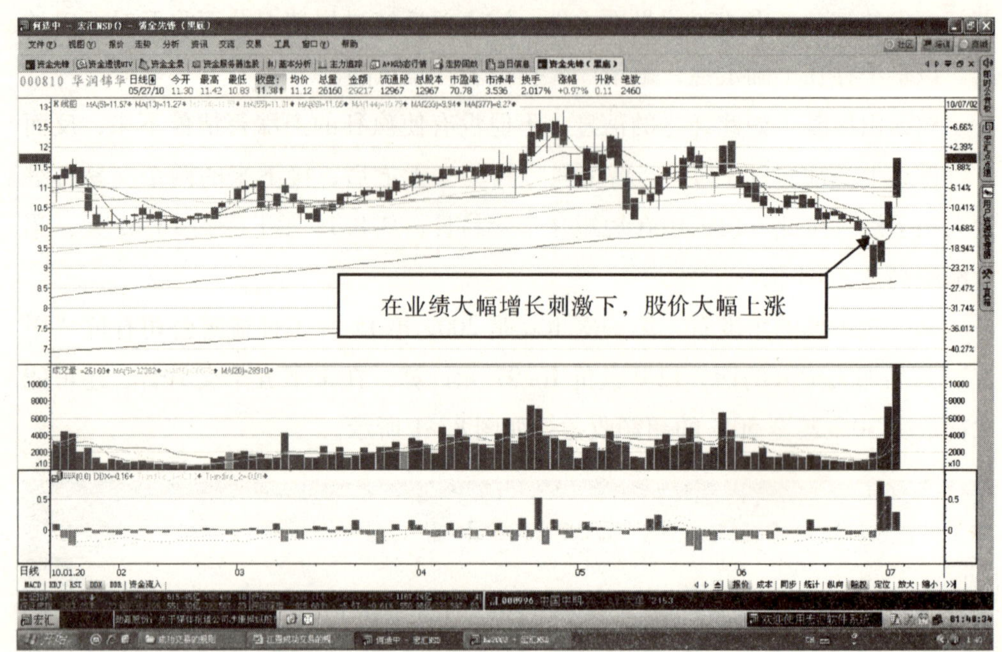

图 8－2

公司业绩出现的如此大幅度的增长，无疑是投机者买入华润锦华的强心剂，而且该股股价较低，二级市场也没有被充分炒作。综合这些因素，华润锦华得到市场的追捧也就在情理之中了。

而如果在利好消息公告之日买入华润锦华，以开盘价 9.16 元计算，第三个交易日股价就上涨到了 11.72 元，按照这个上涨势头，后市继续上涨也是大概率事件。那么，在信息披露之后买入，无疑还是可以获得超额收益的。

二、公司披露重大利空时卖出

作为一家已经被 ST 特别处理的上市公司股票，在自身无法走出亏损泥潭的情况下，寻求被重组是公司走出困境和成功保壳的出路。事实上，今年来，祥龙电业也确实一直在寻求重组的机会。

正因为有这样的预期，该股在二级市场的表现也是可圈可点。良好的预期固然重要，但实际走出重组这一步才是股价得到市场认可的关键。

2010 年 6 月 2、3、4 日三个交易日，祥龙电业的股价又出现异常波动，表明市场对公司重组的预期格外强烈。

＊ST 祥龙因未披露股票交易异常波动公告，6 月 7 日全天停牌。接着连续五天，都公告同样的公告，并且继续停牌。

直到 6 月 18 日，＊ST 祥龙发布股票交易异常波动公告：

武汉祥龙电业股份有限公司股票交易价格连续三个交易日（2010 年 6 月 2～4 日）触及涨幅限制，属股票交易异常波动。鉴于公司大股东武汉葛化集团有限公司（下称“葛化集团”）拟议的与公司发展相关的重大事宜的相关条件不成熟，葛化集团决定暂时中止筹划该重大事项。根据有关规定，公司特申请的股票于 2010 年 6 月 18 日 10：30 起复牌。

公司及葛化集团承诺：自公告之日起，未来三个月内无整体上市、资产注入、股份转让、非公开增发及重组等重大事项。公司生产经营一切正常，未发生其他对公司有重大影响的情形。

这则消息对于二级市场强烈预期公司资产重组的投机者来说，是重大的利空。所以复牌当天，股价就封死跌停。接着还是三个跌停，颓势一发而不可收。截至 2010 年 7 月 2 日，股价跌到 5.15 元。从 6 月 4 日的收市价 8.20 元到 5.15 元，跌幅达 37.19%。如图 8－3 所示。

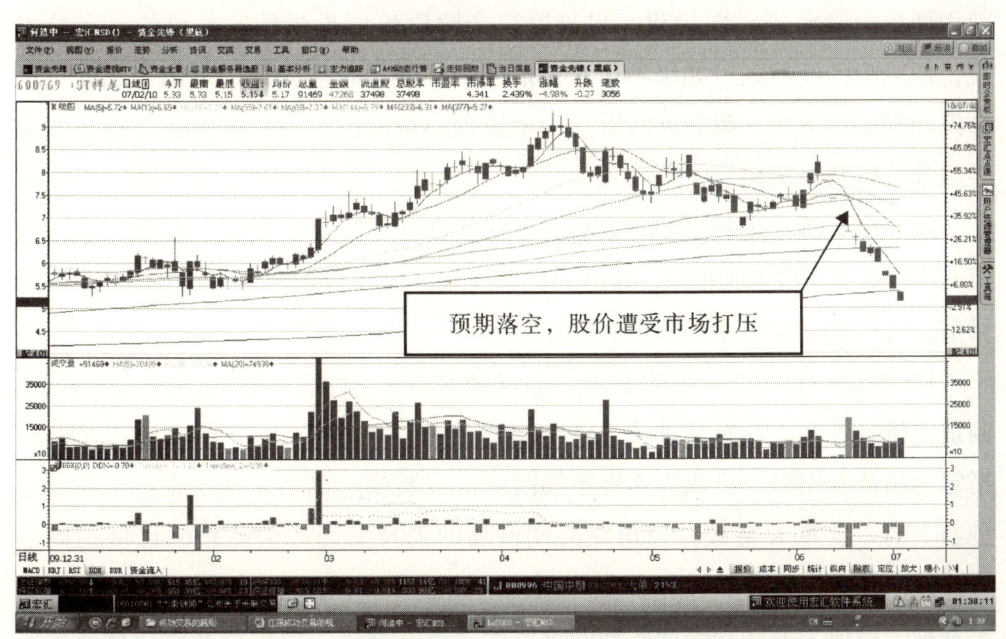

图 8－3

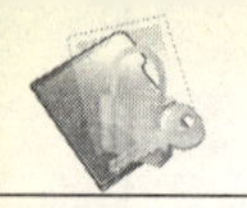

如果曾经在停牌之前预期祥龙电业可能重组而买入的投机者，当预期落空之后不及时止损出来的话，将遭受重大的损失。

三、在公司基本面转好时买入

基本面分析是证券市场一个主流的方向，就我个人的理解，基本面分析是基础，技术面分析是辅助，如果两者结合，能相得益彰。

对基本面分析，不同的人有不同的理解，2007 年价值投资兴盛一时，在当时的市场环境下，金融、地产和有色金属等股票交易十分活跃，也“深孚众望”地带来大盘的屡创新高。但 2008 年、2009 年，金融地产和有色金属等股票偃旗息鼓了。

就我个人十几年在市场的投机心得，要想长期保持超额收益，同时还要适应中国市场的特殊环境，沿着“价值发现→价值投资→价值投机”这么一条主线，可能有更大的生存空间。在价值发现阶段买入，价值投机阶段卖出，这个投机逻辑也是很多专业人士所推崇的投机理念。而我，长期以来，更多的是在前面两个阶段完成一次投机，尽管第三个阶段价值投机的收益可能还十分可观，但风险已经显现，如果不用止损指令保护既得收益的话，可能会回吐大部分浮动利润。下面，我们就沿着“价值发现→价值投资→价值投机”这么一条主线来分析两个案例。

第一个案例是金种子酒（600199），它的前身是金牛实业，上市之后一直经营不善，被 ST 特别处理，通过资产置换后，改头换面成为现在的金种子酒。目前，公司有三块主要的资产：

1. 酿酒：公司是安徽省农业产业化重点龙头企业，综合竞争力全国白酒制造业排名第八。拥有金种子、种子和醉三秋白酒品牌，其中醉三秋被市政府指定为招待专用酒，已成为当地市场同价位白酒第一品牌，这是十年来在产品创新上的一次重大突破。公司在高端市场的表现突出，中高档酒比例达到了 81.3%，其中核心产品柔和种子酒系列、恒温窖藏醉三秋系列销售势头强劲，柔和种子酒成为沿江和皖南各地同价位产品第一品牌。恒温窖藏醉三秋在合肥市场稳步拓展。在巩固安徽市场的前提下，积极拓展江西、江苏等省外重点市场。

2. 金宇高速：安徽金宇高速公路发展有限公司注册资本55600万元，公司持有19.78%的权益，主要从事高速公路建设管理。

3. 生化制药：金太阳药业（占92%）被科技厅认定为省级高新技术企业，2008年公司再次通过国家、省两级GMP、GSP认证；新开发的左氧氟沙星片剂正在临床试验，胰酶肠溶胶囊等三个产品获得国家批准文号，即将上市；公司被省药监局评为全省药品“生产管理、效益双优”企业。

重组之初，公司业绩的改善是一个逐步释放的过程，2006年、2007年分别取得0.071元和0.101元的每股收益。2008年受大环境的影响，只取得0.093的每股收益。

金种子酒医药业务方面，基本取得盈亏平衡，公司生化制药业务分为自产药品及药品代理销售两部分，自产药品方面赢利能力较强，但规模很小；代理销售仅能保持微利。上半年，生化制药分公司一次性通过了GMP再认证和医药经营GSP再认证；此外，国家二类新药阿克他利及四类新药地红霉素正在申请新药证书。我们预计生化制药业务未来对公司业绩拉动作用不大，业务规模逐步缩减概率较高。

白酒业务才是公司主要的赢利点，下面我们重点分析金种子酒公司在白酒业务方面对公司基本面的带来的改善。

公司产品分为三个系列：恒温窖藏醉三秋、柔和种子酒和祥和种子酒。其中醉三秋的零售价格在88～108元之间，祥和种子酒市场价在38元左右。出厂价在20元以上的酒占到公司总销量的85%以上。良好的产品结构改善了公司的赢利状况，赢利能力也将逐步提升。

安徽是传统的白酒生产大省，但目前徽酒在酒文化及品牌塑造上与川、黔等酒系的差距有所拉大，安徽白酒在全国面临的竞争也更加激烈。古井贡、口子窖、皖酒以及金种子酒等是安徽的主流白酒生产企业，它们基本上瓜分了安徽的中高端白酒市场，但在低端市场的开拓力度相对较小。

金种子酒自入主上市公司以来，公司白酒销量逐年递增，2006—2008年依次为3000吨、5000吨、10000吨。公司基酒滚动使用，基本能满足省内市场需求，但已达到产能上限。公司扩建曲酒和罐装项目正在施工中，预计新产能投产后产量将达到2万吨。公司主要生产两大类共四种白酒，主打品牌是恒温窖藏醉三秋，包括天蕴和地蕴两个系列；柔和种子酒和祥和种子酒也是主打品

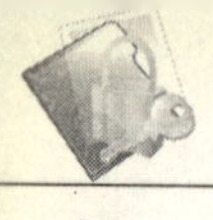

牌，但以低端走量为主。目前公司白酒中高档酒比例达到85%；核心产品柔和种子酒系列、恒温窖藏醉三秋系列销售比例达73%。近期公司又推出了更高端的“和泰”系列，出厂价在100元以上。至此，公司高中低端产品线齐全、产品结构清晰，未来将以发展中高端品种为主。

2008年公司白酒销售增幅较大，在沿江和皖南各市场，地蕴醉三秋、柔和种子酒持续增长；皖北市场祥和种子酒取得新的突破。合肥市场是公司近两年重点培育的市场，以高端产品醉三秋作为主导，上半年合肥市场增长势头迅猛，市场培育效果开始逐步体现。阜阳一直是公司盈利稳定的基地市场，占有率始终保持在30%以上。恒温窖藏醉三秋被阜阳市政府指定为招待专用酒，牢牢占据当地市场同价位白酒第一品牌。随着公司中高档白酒销售进入放量增长阶段，预计未来将给公司业绩带来快速提升。

另外，公司在2008年8月10日对外宣布，“地蕴醉三秋”、“柔和种子酒”和“祥和种子酒”系列产品的对外销售价格在原价基础上上调10%至18%。提价后经销商拿货情况来看销售平稳，说明市场对于提价后的产品需求依然旺盛。

公司2009年在销量、收入、利润、赢利能力等方面均创新高，目前主要产品销售势头不减，预计公司一季度增速有望超预期。其主要产品自推出以来主攻二线，成效较为显著。进入2010年后，公司将实施产品结构升级，远期目标直指一线品牌，具体计划为：对已有主打产品进行包装、品质等方面的升级，拉开价格档次，从而提升总体价位。五六月份公司还将推出浓香型高端酒“金种子”，主推698元/瓶价位的产品，以巩固全国市场的知名度，从而拉升品牌效应。公司的目标是实现白酒全国化和产品结构升级更新，3～5年挤进全国一线品牌阵营。公司希望以此抢占安徽白酒标杆，树立省内高档白酒的旗帜。对此有行业分析师认为，全国白酒竞争激烈，公司目标和高端酒的价格定位将会面临不小的市场挑战。

市场开拓方面，公司今年将加速推进高档酒的建设和省外市场的开拓。考虑到公司目前二线的品牌定位，其省外市场将首先选择天津、河南、湖北和江西等进行突破，在外地复制和改良省内营销模式，先聚焦资源做好单品和地区，增量后谋求多品牌的运行。分析师认为，此次公司对高档酒在生产和营销方面的投入将是全力和持续的，以期达到超常定位的效果。

在白酒业销量的突飞猛进，为 2009 年度取得每股 0.274 元的较好业绩奠定基础；预计公司 2010 年每股收益为 0.39 元。预计公司白酒业务 2010 年将继续保持快速增长势头，同时制药、房地产业务将对主业起到支撑作用。

通过上面分析，我们可以看到，由一家濒临摘牌的上市公司，蜕变成市场逐步关注的优质白酒业公司，基本面取得了全面的改善可以看到什么啊？这种公司正是我们建议重点投机的标的。如果 2010 年能顺利完成定向增发，这将为公司带来进一步的长足发展。

从金种子酒基本面的分析我们可以得出这么一个定论，2008 年是公司价值发现阶段，2009 年是价值投资阶段，2010 年就进入了价值投机阶段了。

按照我们的逻辑，在价值发现阶段买入，即在 2008 年买入，在 2009 年和 2010 年上半年的上涨中，可以取得绝对的超额收益。如图 8－4。

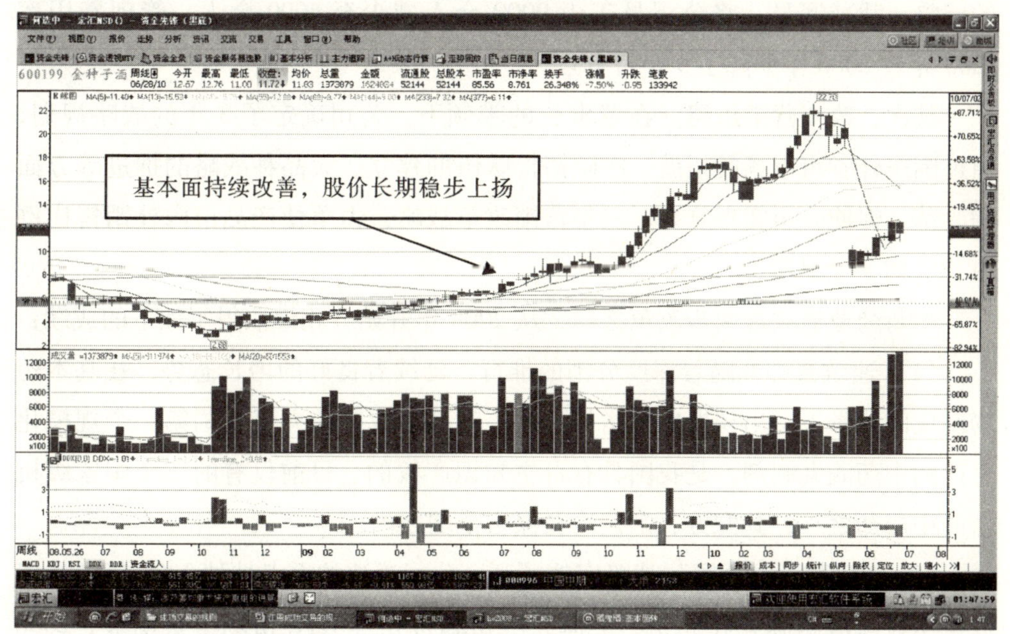

图 8－4

第二个案例是中新药业（600329），公司集中药之大成，是现代中药的发祥地，资源极其丰富，拥有以速效救心丸为代表的具有竞争优势的系列产品，拥有隆顺榕、达仁堂、乐仁堂等老字号品牌。2006 年公司更换管理层后，启动了以营销为中心的企业改革，亏损企业或微利企业相继或即将从上市公司中剥离出去，公司的运营质量得到了显著的改善，赢利能力得到了提升，2008 年是

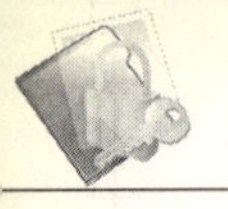

公司业绩转折点。

公司经过两年的调整，基本面有了非常大的改观，是困境逆转型企业的典范，公司的经营业绩已充分证明了这一点。

下面我们就来分析一下中新药业如何一步步由亏损企业走向复苏和崛起之路，成为全国国企复苏的典型代表的。

先来看中新药业 2006 年、2007 年亏损的程度，两年每股收益分别亏损为 1.046 元、0.197 元。身为中药现代化的发源地与中成药的片剂、软胶囊和滴丸等新剂型的发明者，在医药类上市公司中，中新药业生产的药品品种最多，高达 700 多个的企业。企业亏损的主要原因是管理混乱、销售疲软。公司对症下药，改选了董事会，新任董事长为郝非非。公司采取了以下措施：

首先，控制企业费用。郝非非上任后对组织资源和管理架构进行大刀阔斧的调整，裁减冗员，将公司员工由 9000 余人减少至 6000 余人。管理费用率 2008 年较 2006 年下降了 5 个百分点。

其次，改变营销思路。在董事长的带领下，公司确定了 3 年的战略规划，通过围绕外省市市场的拓展、医院销售队伍的建立、大品种战略的推进等方面的改革，促使公司实现复兴。三年营销改革战略，力争使产品市内外销售比例由 7∶3 向 3∶7 转变。

中新药业通过这两步改革之后，从 2008 年开始，相继取得了如下的成绩：

（1）速效救心丸随着深度分销的推行，延续着良好的增长态势，在基本药物制度的背景下，出现爆发式增长。核心产品速效救心丸是我国第一个规模化生产的中药滴丸制剂，是我国具有自主知识产权的、目前仅有的三个国家级机密的中成药之一，其配方、工艺均在保密范围之内。

（2）“津药走向全国”战略实施顺利，公司遴选的重点品种 2008 年上半年放量明显。清咽滴丸在北京、上海、广州和杭州等 OTC 市场上量明显，2008 年全年有望成为新的过亿元产品。紫龙金片 2008 年在多个省市中招，目前医院开户顺利，下半年有望继续放量。另外，公司还将在天津之外的市场，推广清肺消炎丸和通脉养心丸，这两个产品去年起在天津地区市场运作较为成功。

（3）公司增资赛诺和百特，增加赛诺的产能，改变天津百特的产品结构，这两家公司成为中新药业的利润增长点。

在一系列改革之后，2008 年中新药业实现销售收入 23.65 亿元，在消化了所属新新制药厂关停与医药连锁分公司被出售等销售减少的因素后，销售规模仍同比增长了4.74%，如果在统一口径下，销售收入的增速约为15.47%；公司实现营业利润0.98亿元，同比增长765.45%；实现归属于母公司所有者的净利润1.82亿元，同比增长360.28%。2008年，每股收益为0.49元，公司主营利润顺利实现扭亏。2009年取得每股收益0.697元。公司2010年、2011年综合每股赢利预测值分别为0.83元和1.00元。

在业绩大幅增长的同时，中新药业公司股价也扶摇直上，在15元上方出现了明显的放量情况，价值分析阶段的资金在公司ST时介入期间基本已经功成身退，随着公司业绩的增长，该股迎来了更多的长线资金，也就是价值投资资金；后期将是一个价值增长锁仓拉升的过程，也就是价值投机过程。如图8－5所示。

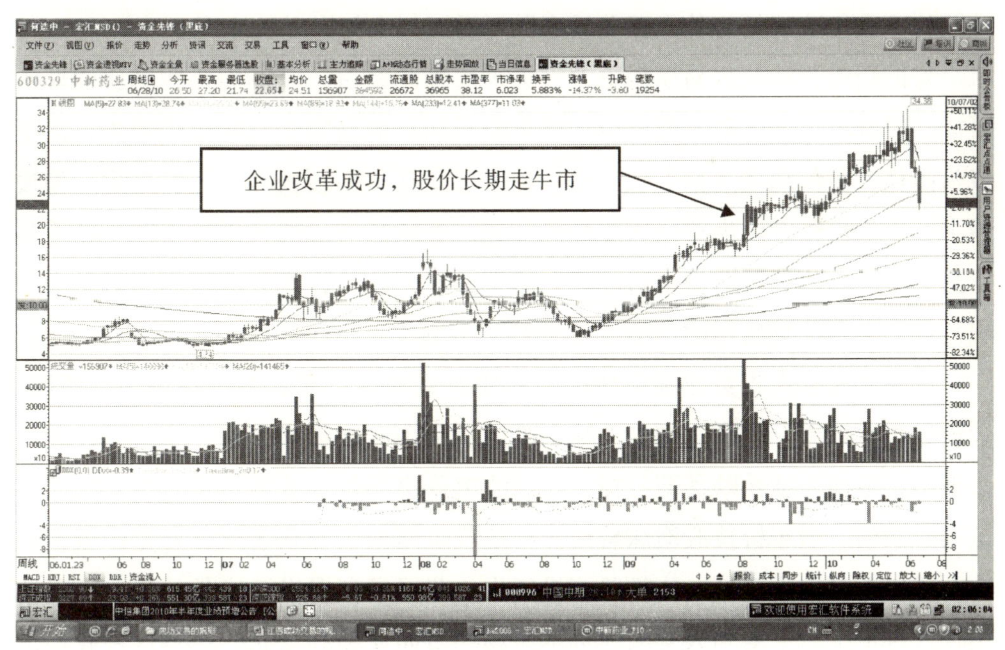

图8－5

四、在公司基本面转坏时卖出

利空消息对一家上市公司而言是致命的打击，所以，在某家上市公司一旦出现重大的利空消息时，投机者必须及时了结出场，不能死守，死守等同于等

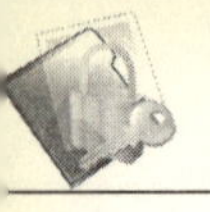

死。俗话说，“君子不立危墙之下”，在股市投机中，我们一定要懂得这个道理，而且一定要果断地“壮士断臂”。

从长期来看，上市公司的内在价值是决定其股票价格的最终因素。因此，基本面的好坏直接导致一只股票的中长期走势。

从投机安全性来讲，我们都要尽量找到具有较大安全边际的股票，而对于安全边际，总有人会产生误解。即把安全边际作为判别风险的唯一依据，这显然是错误的。因为安全边际既是模糊的也是动态的。基本面一般的企业即使看起来拥有很高的静态安全边际，也可能会带来巨大的亏损。这种表面的安全边际可能是虚假的、短暂的。由于市场中短期的无效性，即使是两三年的动态安全边际也不是足够的。举个例子，熊市中一个企业连续三年赢利增长，第四年发生亏损，赢利增长可能并不能及时反映到股价，第四年基本面的恶化反而导致股价下跌。这就是为什么巴菲特选股要看五年十年以上的原因。

差的企业，状况容易变得更差，买入这种股票后，基本面存在迅速变坏的可能，投资者也许还来不及反应，原来账面拥有的高安全边际很快消失，甚至成为高估，股价随之大幅下跌。另一种情况是基本面缓慢转坏，安全边际慢慢减少，由于投资者认为安全边际仍然存在，继续持有，股价缓慢下跌。随着基本面的持续恶化，最后安全边际完全消失并成为高估，投资者意识到时重大亏损已经发生。这是典型的“温水煮青蛙”类型。

依靠非经常性收益业绩突然提高的股票或者科技股容易出现第一种情况。业绩稳定性极差，忽高忽低，上蹿下跳。赢利爆发性提高时市盈率很低，看起来低估，随即业绩暴跌甚至亏损，几倍的市盈率突然变成数十数百倍，低估迅速变成高估。当年科技股泡沫后绩优科技股瞬间沦为亏损者比比皆是，股价跌去九成以上者也不少见。依靠股票投资收益获得赢利爆发性增长的企业也可能出现这种情况，平安和人寿因为资本市场牛市而业绩高增长，一旦这种收益消失，原来看似合理的估值将有很大下跌空间，保险业务的增长亦不能支撑原来的估值。第二种情况比较典型的是周期性股票，例如现在的证券行业。景气度高峰期时，赢利大增，市盈率很低。这时是最具欺骗性的，投资者往往认为安全边际很高而买入。然而随着行业景气度的滑落，低市盈率虽然仍然持续，但股价却不断滑落，最后景气度下跌至低谷时，投资者已经不知不觉损失巨大。

片面地考虑安全边际而忽视基本面的远期变化趋势，反而是不安全的。最安全稳健的投资策略是以安全边际为前提，买就买最好的，其他股票即使静态安全边际再高也放弃。

按以上逻辑反向推导可以得出另一个结论：对优秀企业而言，即使安全边际较低，赢利的概率仍然较高。

好像中国平安一样，谁也想不到由于一次海外投资而出现亏损，而且亏得如此惨烈，恐怕是很多人都没有想到的。

事情的起因是2007年11月27日，中国平安宣布从二级市场直接购得富通集团约4.18%的股权，成为富通单一第一大股东。后增持至4.99%，前后共斥资超过238亿元人民币。

自从投资了富通集团以后，中国平安受到的质疑声就一直不断，而最近几天富通股价的崩溃将公司再次推上了风口浪尖。

截至2008年6月30日，平安共计持有富通集团股票1.21亿股，并将其计入“可供出售金融资产”，初始投资成本约为238.74亿元。10月初，鉴于富通集团深陷金融危机，且股价已经跌得变形，平安不得不做出决定，将在三季报中以富通集团9月30日收盘价为基数计提约157亿元减值准备。

但是平安的噩梦还在继续。10月14日，富通集团在停牌10天后，股价一天内暴挫77.6%至1.22欧元。更令平安郁闷的是，这笔投资的亏损额丝毫没有减少迹象。截至昨日布鲁塞尔时间10:24时，富通集团股价已跌破1欧元大关，最低探至0.95欧元。

按照0.95欧元，并以昨日人民币汇率1欧元对9.2056元人民币计算，平安对富通的投资只剩下10.58亿元，绝对亏损额约为228.16亿元，亏损幅度达到95.57%！而10月以来新增的亏损71.16亿元则几乎相当于平安上半年实现的全部净利润。

2008年11月份，富通的股价已下跌超过96%，导致中国平安238亿元投资只剩下10亿元左右。中国平安这笔投资已经对公司的基本面造成重大的负面作用，所以这种股票我们应该毫不犹豫的抛售。

从二级市场看，中国平安2007年3月份在A股上市，由于生逢其时，上市之后，就得到市场的青睐，股价从上市之后的最低43.53元，短短7个月的时间，就上涨到149.28元，涨了3.429倍。然而，正如中国平安保险业务员到处推销保险时所说的“月有阴晴圆缺”那样。自从中国平安出海投机富通集团

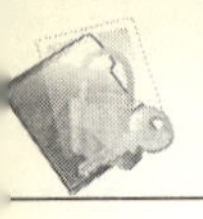

之后，中国平安还真的“缺”了。股价也从149.28元的天价跌到2008年10月份的19.90元，跌幅达86.66%。虽然这个期间大盘处于熊市，但同样是保险行业的中国人寿同期跌幅为77.29%，跌幅小于中国平安，中国太保跌幅为80%，也小于中国平安。要知道，中国平安是保险业的龙头，如果不是因为富通集团事件的影响，中国平安的跌幅不可能比其他两只保险业股票跌得深，因为市场往往会给一个行业的龙头适当高一些的估值。中国平安的K线图如图8－6所示。

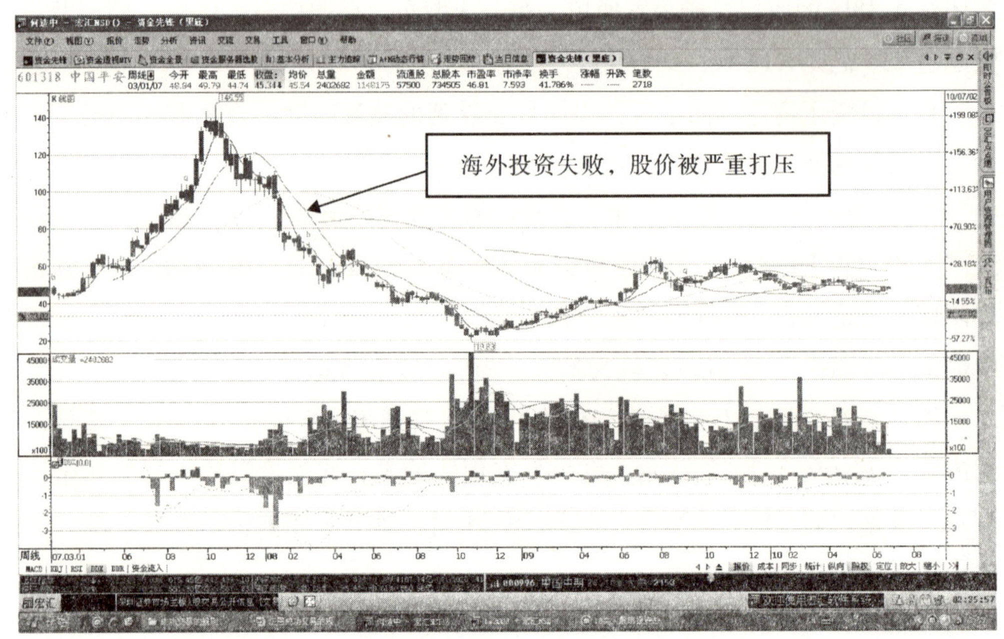

图8－6

再来看渤海物流（000889），在公司即将召开股东大会之前，由于茂业系入主公司主政已成定局，在这次股东大会上将进行董事会成员的改选，茂业系作为第一大股东，必然会增加董事会的席位，而且会在董事会上拥有表决权。茂业系入主并改选董事会之后，作为茂业系旗下的渤海物流，茂业系将整合渤海物流为“商业＋地产”的模式，也就是希望渤海物流能够复制成商集团整合的成功经验。同时，作为茂业系主要的赢利性资产——地产，也将注入到渤海物流里。

在这些利好预期下，2009年11月下旬，渤海物流的股价出现大幅的上涨，其中11月24日涨停，25日大幅低开之后，又以强劲势的走势快速拉升，并再涨 7.36%。如图 8－7 所示。

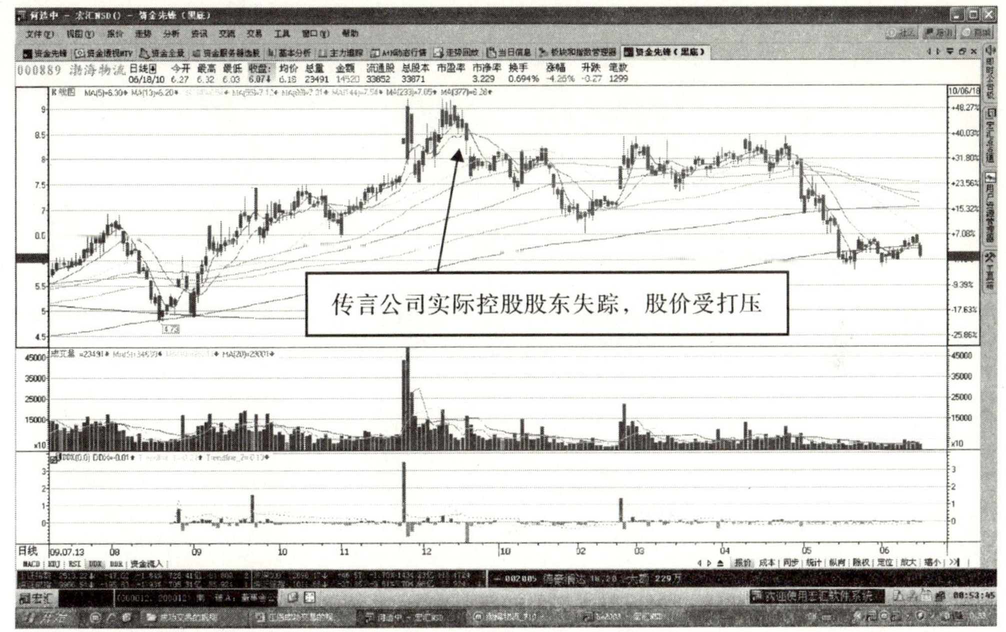

图 8－7

然而，天有不测风云，2009 年 12 月 16 日，市场传闻茂业系的老板黄茂如失踪被拘，从 2009 年 12 月 17 日开始，茂业系的渤海物流和成商集团临时紧急停牌。到 12 月 23 日复牌时，茂业系的股票都大幅低开，其中渤海物流几乎以跌停价开盘，虽然最后回升了一部分，但当天收市时，仍然下跌 3.94%。

奇妙的是，在随后的较长时间内，渤海物流的股价只回升到 12 月 16 日市场传闻那天的位置时就出现较重的抛压，截至 2010 年 6 月份，渤海物流的股价都处在下跌过程之中。

当时，我们得到茂业系的老板黄茂如失踪被拘的传闻后，在 2009 年 12 月 16 日马上止损离场，我们持仓成本在 8.00 元左右，止损价位 8.40 元左右。如果当时没有采取果断措施的话，在渤海物流的投机上，必将遭受重大损失。

基本面的变化，会影响股价的长期走势，但对短期而言，股票走势还是由供求关系决定，股票的价值也是由这些因素决定的。可以从股票走势去判断供求关系，并找到何时应当买进或卖出的时机。

第九章

累积盈余，股市投机需做加法

在可以预防的情况下依然遭受重大损失无异于财务自杀。

——江　恩

投机股市的唯一目的就是赢利，这是不需辩解的理由。不同的投机者的投机手法各有千秋，可谓“八仙过海，各显神通”。但无论哪一种投机方法，都逃不过逐步积累盈余这一规律。要逐步积累盈余，股市投机就需要做加法。用江恩的话来讲，只有累积盈余，才能使资本增值，才能扩大自己的交易量，才能实现投机叠加效应。所以江恩建议，当在股市投机中获得利润之后，不能闲置起来。他认为，只有外行才会把到手的利润闲置起来。

但股市中投机的资本大，风险也大，不把利润抽离股市，原有资本和积累的利润都在冒着市场风险。那么江恩对此有何良策呢？炒家江恩当然深知股市投机的风险，所以他总结说：“如果风险很大，就不要进行交易。”

他所谓的不进行交易，不是说逃离股市，置身事外，而是让我们耐心等待可以买进或卖出的时机，并且在买进和卖出之后的某个价位，设置好止损指令，用于保护本金以及积累起来的利润免遭重大亏损。

江恩说：“在可以预防的情况下依然遭受重大损失无异于财务自杀。”

股市投机做加法，意思是指当投机产生了一定利润，而市场风险又显现出来之后，要及时把浮动利润转为实际利润，也就是要懂得套现离场。这一法则不管对中小投机者，还是对机构投机者，或者长期金融资本投资者，都是放之四海而皆准的铁律。

华人首富李嘉诚，作为香港联交所 18 家上市公司的大股东，根据香港联交所的交易记录显示，2007 年，曾对包括中国远洋（1919. HK）、南方航空（1055. HK）及中海集运（2866. HK）等 8 家企业进行了明显的减持。

早在 2007 年 9 月，李嘉诚就开始减持南方航空。11 月 8 日，当李嘉诚第九度减持南方航空时，通过一次性减持 580 万股实现套现 5559. 3 万港元。而在此期间，南方航空的股价从每股 13. 2 港元滑至 8. 67 港元。

此外，李嘉诚还通过旗下的长江实业（0001. HK）4 次减持中海集运，套现近 9 亿港元。同时，李嘉诚减持了中国远洋约 1. 7 亿股，套现金额超过 51. 7 亿港元。

熟悉李嘉诚的人评价说，他是一个很有危机感的人。上述资本市场的密集套现，便是最好的佐证。

2007 年末，李嘉诚公开表示，近期港股仍会波动，建议投资者谨慎小心。而在此之前，李嘉诚还大幅减持了永安旅游（1189. HK）、金匡企业

(0286. HK) 等几只香港本地股，仅金匡企业李嘉诚就套利约 1.1 亿港元。

李嘉诚减持上述股票，并非偶然，他曾经说过：“若一个人不知足，即使拥有很多财产也不会感到安心。我知足，但不表示没有上进心。”正如此言，对于笃定的投资收益，以谨慎著称的李嘉诚则表现出了十足的“豪放”。

华人首富李嘉诚尚且能在股价高企的时候，知足地减持套现利润，何况我们这些以股票投机为职业的投机者呢！

综观沪深股市，由于年轻，由于股民还“严重非理性”，由于公司募基金经理们各自的需求，由于政策干扰市场，由于炒作蔚然成风，剧烈波动就成为沪深股市最大的特点。

请看图 9－1 上证指数的月 K 线图，从 1990 年 12 月 19 日有了指数以来，上证指数就在波浪中曲折前进。且不说远的，2005 年 6 月到 2007 年 10 月这轮牛市，两年多的牛市，每个投机者都获得了超额的股市收益，但如果没能及时套现出来，2007 年 10 月份到 2008 年 10 月，一年的时间，很多股票把前面两年多牛市的绝大部分涨幅拉回原型，投机者的投机收益恐怕都是由正数变成了负数。同样，2008 年 10 月至 2009 年 7 月份的单边反弹行情，如果在 2010 年 4 月份，投机者不及时把利润锁定，在随后两个多月的下跌中，辛苦一年多的投机

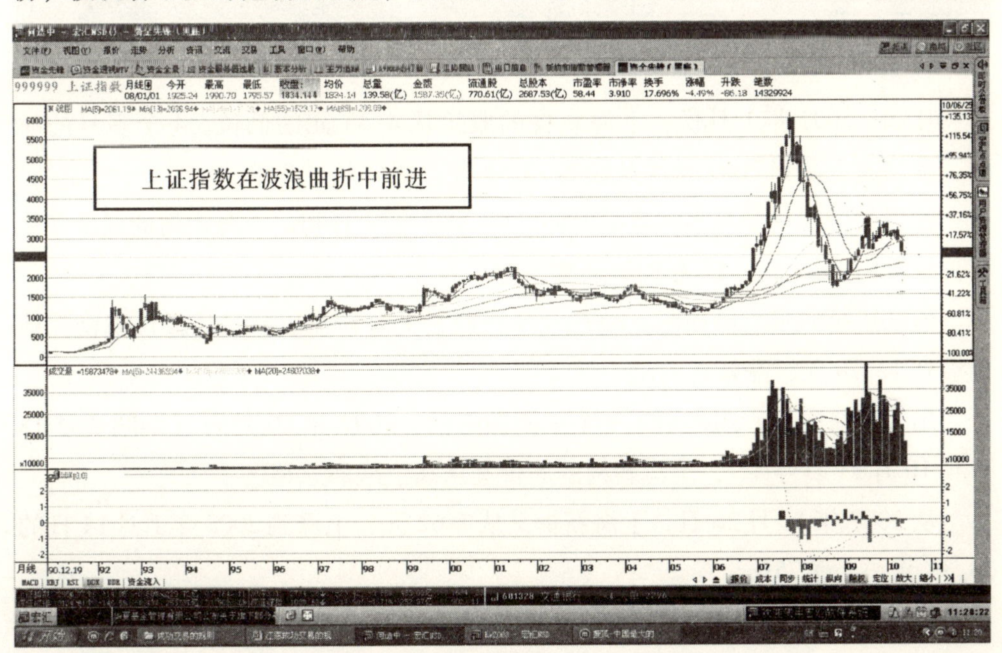

图 9－1

收益可能又化为乌有。

再来看个股，图 9 - 2 所示的上海新梅（600732）这只股票，是一只波动性较大、暴涨暴跌型股票。

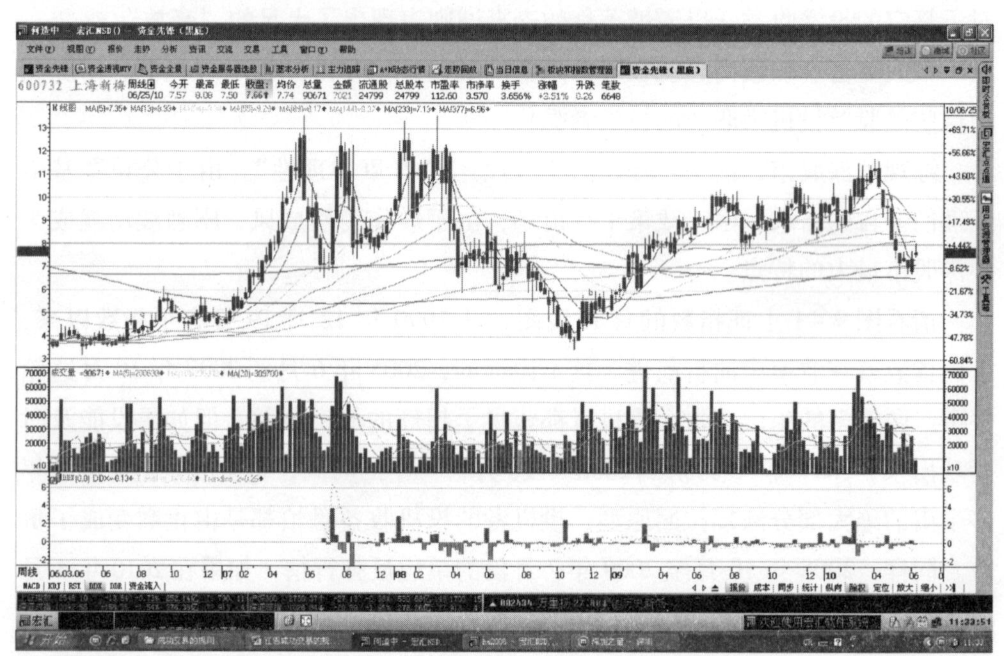

图 9 - 2

比如，2007 年 1 月份，上海新梅的股价从 4.43 元的低位，4 个多月的时间，就快速上涨到 2007 年 5 月底的 13.55 元，涨幅超过 3 倍。

但仅仅用了一个月多一点的时间，到 2007 年 7 月初，上海新梅的股价又从高位暴跌回 6.54 元，跌去 50% 还多一些。

但在短短的三个星期内，2007 年 7 月底，上海新梅股票又从低位戏剧性地上涨到 12.78 元，涨幅近一倍。

出人意料的是，同样用了三个星期的时间，2007 年 10 月底（期间 8 月 18 日到 10 月 21 日停牌），上海新梅的股价又从高位跌回原型。

从 2007 年 11 月 26 日，上海新梅又从 7.62 元，上涨到 2008 年 1 月 14 日的 13.35 元，上涨 75%。

上海新梅在 2007 年 1 月到 2008 年 1 月一年的时间内，出现五次剧烈的波动，而且高点都在 13.5 元附近。如果投机者能够把握到五次剧烈上下波动当中的三次上涨机会，在上海新梅这只股票上，将获得近 10 倍的投机收益，但如果死守不动，最多只能获得3倍左右的投机收益。

要想在股市上赚钱，就要懂得把利润累积起来，而累积利润需要通过从操作中做加法实现。

江恩曾经说过，在每一年当中，市场都会有两到三次的极端低位或高位的买卖机会。言外之意是，投机股票的上策是在市场波动过程中高抛低吸，其实这个道理很简单，谁都明白，只是在实际的操作过程中，总是被这样那样的噪音所干扰，而错失在高位卖、在低位买的机会。投机股票，就必须清楚地知道，只有懂得高抛低吸，才有可能累积到投机利润，才可能获得加法的效益。

专业投机者的工作，就是尽可能多地避免灾难并挑选跑赢大盘的股票。我们不要期待我们能买到只涨不跌的股票，中国股市现在也已经处在机构博弈的时代。公墓基金的研究实力已经武装到了牙齿，能管理股票信托的私募公司、投机团队也已经粗具规模，领衔者或者来自公募的基金经理，或者来自证券公司的优秀投行人员和资产管理者，或者是民间获得了可观的投机收益的职业投机者。这些人都深谙市场的投机哲学、拥有良好的投机纪律。

市场在这些主流的投机者的博弈下，对上市公司的研究已经被挖掘到了“每个货柜箱的数量”（作者按：摘自私募人士赵丹阳最经典的投机语录）。在这种背景下，股市完全博傻的可能性已经很小。理性、有策略、知足的投机风格的生存空间可能还没有被挤压到没有机会的地步。相反，如果还是期待或者博傻的投机风格，可能会亏损直至破产。

例如下面两个案例，百联股份和上海机场都是上海本地股，也是受益于世博会的股票。世博会这个投机主题，无疑很受机构投机者的青睐。从表9－1和9－2看，截至2010年3月31日，百联股份基金合计持仓111529996股，上海机场基金合计持仓124426381股。证明这两只股票还是比较受基金追捧的。如果单一基金要大比例增持一只股票，必然会实地调研上市公司，也就是说投机的盲点基本不存在了。

从这两只股票的走势图来看，百联股份（600631）从2008年10月的低点5.97元上涨，到2010年1月19日的20.24元，累计涨幅达3.39倍。在此值得一提的是，这两只股票涨势最好的阶段是2009年10月初到2010年1月中旬。在此期间，百联股份从13元附近上涨到20.24元，上海机场也是从13元附近

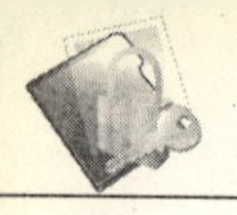

上涨到了 21 元。涨幅都在 60% 左右。同期，上证指数从 2700 点附近上涨到 3300 点左右，大盘上涨幅度只有 22% 左右。百联股份和上海机场的涨幅明显大于上证指数。

如果在百联股份和上海机场这两只股票涨势最好阶段的 2009 年 10 月初到 2010 年 1 月中旬参与进去了，投机收益相当可观。作为职业投机者，不可能不知道世博会这个投机主题，也不可能看不出股价走势的异常。也就是说，买到这两只的股票应该是大概率事件。

现在的问题是，假设某君已经买了这两只股票中的一只，获得了近 40% 左右的投机收益，而 2010 年 1 月中旬，距离世博会开幕式 2010 年 5 月 1 日还有三个多月的时间，在这期间，某君的持股心态如何，是继续持有等待世博会的开幕，还是根据股票的实际走势调整持股情况（继续持有或者开始减持）？

不同的态度，将决定接下来两种截然不同的结果。

从图 9－3 和图 9－4 可以看出，在 2010 年 4 月底，百联股份和上海机场同步大幅下跌，当然这有大盘环境下跌的因素，但不可否认的是，这两只股票的跌势明显比大盘快。截至 2010 年 4 月 30 日，百联股份的收盘价为 15. 13 元，上海机场的收盘价为 16. 04 元。距离 2009 年 9 月底的 13 元启动价，只有不到 20% 的浮动收益了。我们假设某君在 14 元附近买到，那么某君的账户浮动收益只有 10% 左右了。

如果此时还不及时了结，接下来的走势，将使某君在这两只股票上的投机由正收益的 40% 左右，变成负收益的 10% 左右。到 2010 年 5 月中旬，百联股份最低跌到 12. 55 元，上海机场最低跌到 11. 80 元。正负收益之差达 50%。这在 2009 年下半年到 2010 年上半年，大盘环境较差的背景下，已经是超额收益了。

所以说，要积累投机盈余，就要懂得把已经产生的浮动赢利转换为实际的利润，股票投机需要做加法。用江恩的话来讲，只有累积盈余，才能使资本增值，才能扩大自己的交易量，才能实现投机叠加效应。

600631 百联股份
日线
今开 最高 最低 收盘 均价 总量 金额 流通股 总股本 市盈率 市净率 换手 涨幅 升跌 笔数
06/23/10 14.58 14.66 14.06 14.22 14.34 51510 73851 110103 110103 38.72 2.362 0.468% -2.60% -0.38 4914

图 9－3

600631 百联股份 持仓基金
序号 日期 基金代码 基金名称 持股数量（股） 市值 占净值比例 占流通市值比例 变化说明 同上期数量变化 同上期市值变化
2 2010/03/31 590002 中邮核心成长 47,053,427 855,431,302.86 3.3006% 4.2735% 量减市值减
3 2010/03/31 590003 中邮核心优势 9,400,758 170,905,780.44 4.8979% 0.8538% 量增
4 2010/03/31 162101 金鹰优选 3,580,000 65,084,400.00 3.8429% 0.3251% 量减市值减
5 2010/03/31 398031 中海蓝筹 239,590 4,355,746.20 1.4916% 0.0217% 量增
持股合计： 111,529,996 2,027,615,527.28 19.5230% 10.1293%

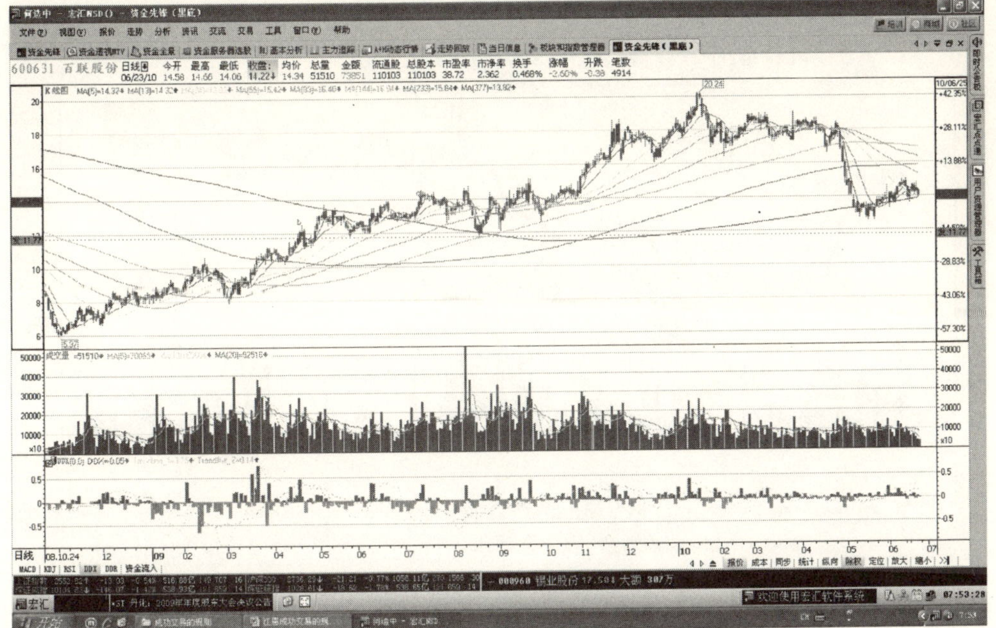

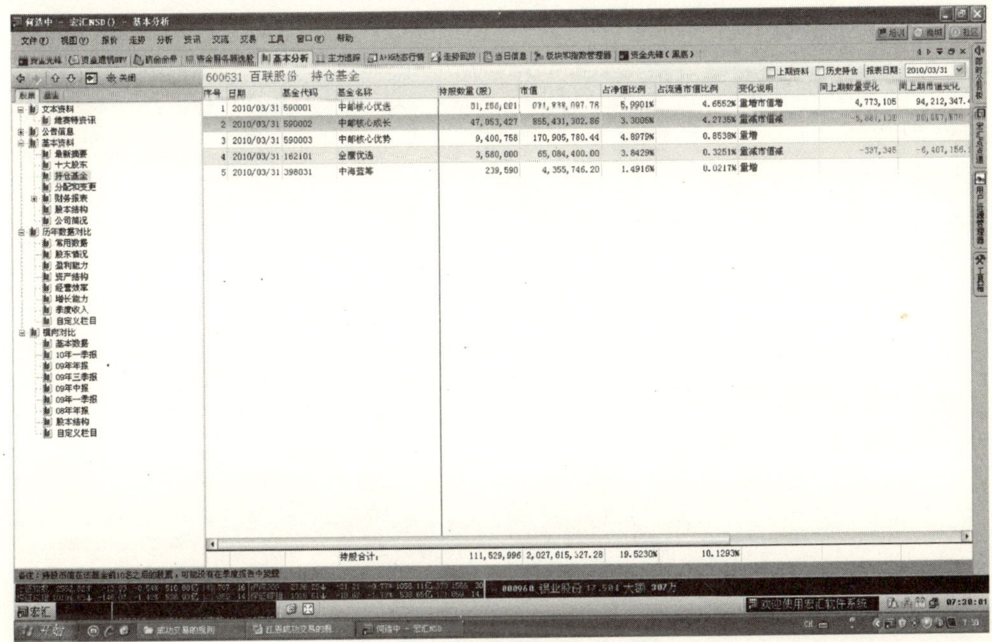

图 9－4

阿浩中 - 宏汇WSD() - 资金先锋（黑底）
600009 上海机场
日线

图 9－5

阿浩中 - 宏汇WSD() - 基本分析
600009 上海机场 持仓基金
序号 日期 基金代码 基金名称 持股数量(股) 市值 占净值比例 占流通市值比例 变化说明 同上期数量变化 同上期市值变化
1 2010/03/31 590002 中邮核心成长 76,233,727 1,412,610,961.31 5.4503% 3.9561% 量增
2 2010/03/31 590001 中邮核心优选 38,799,862 718,961,442.86 4.6217% 2.0135% 量增
3 2010/03/31 500015 基金汉兴 5,340,125 98,952,516.25 2.6449% 0.2771% 量增
4 2010/03/31 590003 中邮核心优势 4,052,667 75,095,919.51 2.1521% 0.2103% 量减市值减 -3,849,959 -62,587,325.
持股合计: 124,426,381 2,305,620,839.93 14.8690% 6.4570%

图 9－6

尽管江恩建议，不要把在股市投机中获得的利润闲置起来。但江恩同时也警告我们，除非业已得到了利润，否则一定不能急于扩大交易规模。原因是，所有重要的商业机构都殚精竭虑地创造盈余，并且也乐于把盈余公之于众。所有企业在特定的时间内都曾经在亏损的情况下运营，投机者或投资者也一定要预料到这种亏损。所以，投机者或投资者必须创造能够弥补亏损的盈余，才能继续进行交易。

我曾经经历过这么两个投机案例。第一个是投机天茂集团（000627）的时候，当我们把底仓建好之后，股价在一定时期内，出现了较剧烈的反复振荡，而且两度跌回我们建仓成本价之下。

在这种不利局面之下，我们投机团队内部尽管意见一致，而且意志坚定，但客户中却出现了不同的声音，这无疑干扰了我们两度摊低成本的机会。但作为专业投机团队，纪律是第一位的。在股票的走势还摇摆不定的时候，我们没有急于扩大交易规模，因为我们还没有在天茂集团这只股票上获得利润。

具体的情况是这样的。按照我们的投机逻辑——基本面和技术面结合的双重标准。通过研究员对天茂集团公司的实地调研，基本面支持我们买入的理由有：

首先，天茂集团参股的保险公司进入上升辅导期。

2009 年 9 月 14 日天茂集团披露，公司收到参股公司天平汽车保险股份有限公司通知，该公司与国泰君安于 2009 年 9 月 14 日签署了《股票发行上市辅导协议》，并已按要求向中国证监会上海监管局办理了辅导备案登记手续。天平保险正式进入上市辅导期。

资料显示，天平保险成立于 2004 年 12 月，其 2007 年、2008 年及 2009 年上半年均实现赢利，预计 2009 年全年亦将实现盈利。目前天平保险公司总股本为 5.5 亿股，其中天茂集团持有 1.1 亿股，占该公司总股本的 20%，是该公司第一大股东之一。

天平汽车保险股份有限公司一旦能成功上市，作为天平保险第一大股东的天茂集团有望获得巨大收益。

其次，公司募集资金投资的二甲醚完成调试，正式投产，而且二甲醚产品价格小幅上涨。

天茂集团 2008 年完成定向增发，投资一个 40 万吨/年的二甲醚装置项目。

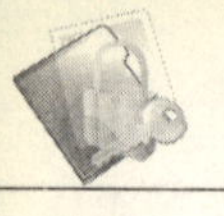

天茂集团是中南地区最大的甲醇生产企业，公司以煤制甲醇、二甲醚为主，强力打造出一条新型能源产业链。

该40万吨/年的二甲醚装置由两个20万吨/年的装置组成，其中前期一套20万吨/年的二甲醚装置于2008年6月投产。2009年10月24日，天茂集团宣布公司第二套20万吨/年的二甲醚装置顺利通过试运行并一切正常，正式投产。

至此，公司利用募集资金建设的40万吨/年的二甲醚装置全部投产，公司拥有50万吨/年的二甲醚生产能力。该项目全部建成达产后，可实现年新增销售收入14.15亿元，新增税后利润1.484亿元。

二甲醚作为新型能源，发展前景得到市场的认可，目前国内上马二甲醚项目的上市公司众多，还包括潞安环能、中煤能源、远兴能源、兰花科创、泸天化、赤天化、威远生化等十多家公司。但是在已经正式投产的公司中，拥有50万吨产能的天茂集团是其中产能规模最大的一家公司。所以天茂集团的二甲醚业务具有规模优势，而且一直处于赢利状态。新增产能的投产将进一步扩大公司的规模优势，可以降低公司二甲醚的单位吨生产成本。同时拥有50万吨/年的二甲醚生产能力，二甲醚产品的销售收入占到主营业务收入的六成左右。

2009年10月中旬，国际油价大幅上涨，纽约市场的主力原油期货价格一度突破81美元/桶，天茂集团第二套二甲醚装置的投产可谓正当其时。因为国际油价的上涨确实带动了二甲醚的价格上涨，一般当国际油价在每桶50~60美元的时候，二甲醚作为液化气替代品的成本优势就会显现。当前国际油价上涨到81美元/桶，确实带动了二甲醚价格的上涨。

国都证券的一份报告也显示，因国内液化气市场价格大涨，二甲醚与液化气套利空间巨大，下游采购氛围良好，带动了二甲醚价格的上涨。而且“二甲醚替代柴油”的产业政策，国家早晚要放开。目前二甲醚主要用于添加液化气以及充当陶瓷和玻璃产业的工业燃料。

我们的研究员还跟踪研究到，随着国际原油价格的不断走高和上游原材料成本的上涨，二甲醚产品销售价格也有小幅上升。其中2009年1~10月销售均价约为3000元/吨，11月销售均价约为3300元/吨。有些公司对外零星销售价格最高曾达到4000元/吨。

再次，甲流暴发，甲流疫苗、感冒药、退热镇痛药热销。

天茂集团作为国内退热镇痛药生产基地，是原料药的龙头，公司主导产品“布洛芬”产能达到3000吨/年，居全国第一，世界第三，也是国内唯一通过欧洲COS认证的布洛芬生产企业。布洛芬在临床上主要用于普通感冒或流行性感冒引起的高热，在治疗小儿发热方面更有令人满意的疗效。公司现有300吨/年的“皂素”生产装置，生产能力居全国第一，已经成为天津药业等国内皂素用量前5位的大型制药企业的供应商，公司与印度GRANULES公司成立合资公司，合作生产布洛芬。GRANULES公司是全球最大的压片级颗粒剂生产厂商，实力雄厚。

2009年天茂集团完成了布洛芬的扩产和合资，完成了年产50吨的右旋布洛芬的扩改、年产60吨布洛芬赖氨酸盐扩产及多功能车间建设。目前已拥有布洛芬、右旋布洛芬、皂素、奥沙普秦、托拉塞米、格拉司琼、磷酸氟达拉滨、巴柳氮钠、加替沙星、托拉塞米等一线品种，成为有影响力的解热镇痛药的生产基地。

基于这三点基本面情况，投机天茂集团的理由较为充分，因此，2009年11月18日，我们开始买入天茂集团股票，底仓成本价为7.53元。如图9－7所示。

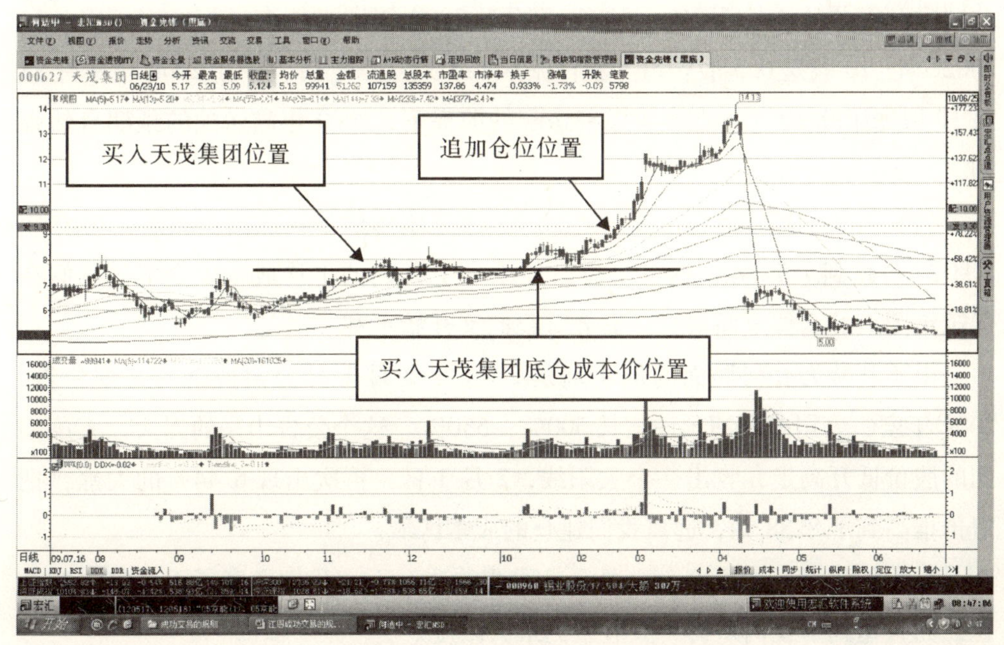

图9－7

自我们买入之后，天茂集团的股价按照我们的预期上涨到了2009年11月23日最高的8.06元。接着就是一次快速的回调走势，2009年11月27日，最低跌到6.80元，跌去0.73元，跌幅达9.70%。要知道，我们的止损幅度为10%，这次下跌让我们很头疼，大家当时的情绪都比较低落，深感控制建仓成本的好处。而且这个时候客户的一个动摇电话，让我们无奈地把止损指令在2009年11月28日早早就挂了上去。也许是老天关照，11月28日天茂集团高开高走，收市价回到了7.22元。接下来的两个交易日继续回升，并且上涨到了底仓成本价7.53元之上。

但涨到2009年12月8日的8.49元之后，天茂集团的股价又掉头下跌，12月22日，再次跌到7.01元的低价。由于买入一个多月之后，底仓一直没有产生浮动利润，所以在接下来的大半个月的时间内，当股价一直徘徊在我们买入的成本价附近时，我们都没有考虑追加仓位。直到2010月1月12日和13日连续两个交易日的放量上涨，我们才把追加仓位的议题正式提了出来，并在接下来的几个交易日内把仓位追加到了我们预期的目标。

追加仓位的另外一个理由是：经过多次实地调研，我们知道公司2009年净利润同比会大幅增长，从2010年2月1日公司披露的信息得知，2009年度，公司净利润预计增长500%～550%。而且2009年度可能有送配方案，因为自2002年度10股送0.5股转增1股再派0.125元红利之后，只在2008年9月18日10股派了0.30元。在多年没有送配的前提下，2009年高送配的预期自然强烈。

当我们刚刚把目标仓位建好之后，天茂集团的股价再次出现回落，2010年1月27日跌到7.72元，这个价位已经跌到了我们的平均成本价之下，我们在天茂集团上的仓位全面被套，形势对我们又开始不利。

由不利转为有利局面的催化剂是2010年2月1日公司披露的一则公告，2009年度，公司净利润预计增长500%～550%。这个公告出来的当天，天茂集团的股价低开高走，收出一个大阳线，2月3日，再次出现6.44%的大涨，把股价推高到了8.88元，远离我们建仓的成本区域。

在我的建议下，2010年2月8日回调的这一天，我们调高了天茂集团的仓位，而且达到了我们持有一只股票的最大限度。

接下来的走势也确实争气，整个2月份，天茂集团上涨了28.03%。

2010年3月3日，天茂集团突然临时紧急停牌，3月4日公司披露2009年业绩预告。公告显示，公司实现营业收入9.65亿元，同比增加6.08%，营业利润5320万元，同比大增2226.31%，净利润5027万元，同比增加517.38%，基本每股收益0.074元，增加516.67%。

由于净利润大增，公司董事会决定，以公司2009年末总股本6.778亿股为基数，向公司全体股东每10股送1.5股派发现金0.17元（含税），由资本公积金向股东每10股转增8.5股，其余未分配利润结转下年。

2010年3月4日复牌当天，天茂集团开市即封死涨停，而且交易量很大，由于股价低、送配方案诱人，很多投机者蜂拥买入，而这个时候，当股价第二次即将打开涨停的时候，我们全部抛售了天茂集团的股票，不到4个月累计获利超过50%。天茂集团成为2010年涨幅前10位的大牛股。

对于投机天茂集团，我们的投机心得是：

第一，在持有底仓阶段，由于股价反复，我们不敢轻易追加仓位。

第二，在走势按照我们预期的方向发展的时候，也就是江恩所说的有了利润之后，我们要大胆地追加了仓位，大胆的理由是对公司基本面做的深入调研之后作出的决策。

还有一个投机案例也值得一提，就是长园集团（600525）。

同样按照我们的投机逻辑——基本面和技术面结合的双重标准，通过研究员对长园集团公司的实地调研，基本面支持我们买入的理由有：

1. 热缩材料、电网设备及电路保护元件三个领域的龙头企业。

长园集团为热缩材料、电网设备及电路保护元件三个领域的龙头企业，具有显著的品牌优势和较高市场占有率，也是同行业中唯一通过国家科技部和中国科学院认定的高新技术企业。国家对电网投资的力度将大幅增长，尤其是对智能电网的大力投资计划更是给公司提供了快速发展的绝好机会。另外公司PE投资业务迎来收获季节，投资的光讯科技（002281）已成功上市，为公司带来巨额收益，另有多家公司即将登陆中小板和创业板，将刺激股价上涨。

2. 三大主业全面反弹。

受金融危机影响，公司净利润从2008年四季度到2009年一季度经历了一轮下降周期。2009年一季度公司净利润同比下降了65.5%，而公司2009年二季度已经比业绩下降前的2008年二季度同比增长了14.7%。随着热缩财料订

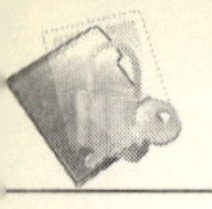

单的恢复，以及电缆附件和环网柜产能的扩大，我们预计公司三季度业绩将基本与去年持平，全年有望实现30%以上的增长。

第一，热缩材料订单从二季度开始见底反弹。长园集团是我国最大的热缩材料生产企业，销售收入排名居世界第二位，仅次于美国瑞侃公司，预计全年热缩材料收入增长在14%左右。高速铁路用热缩材料是新的业绩增长点，目前在手订单4000万元，全年计划实现销售收入6000万元。公司热缩材料博士后工作站正在积极研制核岛用热缩料。一套核电站的热缩材料采购金额在8000万元左右，目前主要由国外厂商提供，毛利率可达90%左右。长园集团在突破这一产品的生产技术后，将形成在核电领域的进口替代。

第二，电网设备毛利率有较大增长。除去出售广东长园的影响，公司的电网设备业务是稳定增长的。公司的电缆附件产品上半年已经生产了1000多套，超过去年同期水平，环网柜产品出现供不应求的局面。预计全年电网设备销售收入将实现30%的快速增长。

第三，电路保护元件6月份市场需求开始井喷，7月单月净利润创新高。长园集团是国内最大的PTC电路保护元件生产企业，公司生产的聚合物基自复保险丝（PPTC）、陶瓷基热敏电阻（CPTC）主要应用于2G、3G手机的电路保护。公司控股子公司上海维安主要向三星和LG等手机生产厂商提供PTC电路保护元件，目前已经远远超过主要竞争对手美国瑞侃公司，占到了手机厂商采购金额的70%。7月份上海维安的单月净利润已经达到550万元。预计未来的订单数量将稳步提升，全年净利润将实现翻倍增长。

3. 加快进入高速铁路和轨道交通设备市场。

2009年7月公司通过议案以人民币3500万元的价格增资北京中昊创业工程材料有限公司（以下简称“中昊创业”），增资完成后，公司持有中昊创业30%的股权。中昊创业生产的中空锚杆、接地端子、绝缘卡、起吊套筒已通过铁道部产品质量监督检验中心检验，其中中空锚杆是目前全国规模最大、质量最好的铁路隧道用锚杆产品。中昊创业2008年度总资产5343.22万元，净资产1090.83万元，主营业务收入5469.16万元。近年来，中昊创业先后参加了高速铁路（武广客运专线、京津城际客运专线、京沪客运专线、京武客运专线）、地铁（广州地铁九号线、深圳地铁三号线、北京地铁六号线）等工程建设。

参股中昊创业之后，长园集团将借助中昊创业铁路销售网络，带动长园集团热缩材料、电缆附件、环网柜、继电保护、微机五防、合成绝缘子等电网设备相关产品进入铁路市场，拓宽公司的市场空间，谋求经营的协同效应，分享中国未来十年高速成长的高速铁路、公路、桥梁建设市场。

4. PE 投资业务迎来收获季节。

长园集团的全资子公司长园盈佳先后参股武汉光讯科技、东莞高能、和而泰、长盈精密、联创健和、珠海奈电等公司。武汉光讯科技于 2009 年 8 月 21 日成功登陆中小板。长园盈佳持有光讯科技 5.5% 的股权，共 660 万股，初始投资金额 1210 万元，2009 年 10 月 20 日收市价为 30.72 元，按这个收市价计算，660 万股的市值超过 2 亿元，投资收益率近 17 倍。光迅科技是长园集团开展 PE 投资业务以来，第一个成功上市的参股企业。目前和而泰与东莞高能正申报在中小板上市，联创健和、长盈精密和珠海奈电积极准备申报创业板。

5. 配股项目提高公司赢利能力。

长园集团配股方案已于 8 月 7 日获得证监会批文。本次配股方案为：以公司截至 2007 年 9 月 30 日总股本 128143400 股为基数，按每 10 股配 3 股的比例向全体股东配售，可配售股份总计为 38443020 股。配股价格预计在 8.5 元左右。本次配股所募集资金计划用于以下项目：

第一，环保型汽车用、电子用无卤阻燃热缩套管及特种氟塑料套管产业化项目。该项目投资总额为 1.63 亿元。目前该项目涉及的上海电子生产基地已经建成，正在进行搬迁工作。预计 2009 年 10 月投产，达产后可实现年销售收入 2 亿元，年利润总额 3100 万元。

第二，110 千伏以上电缆附件及智能化紧凑型 SF6 全绝缘环网成套开关设备研发生产基地建设项目。该项目由长园集团全资子公司长园电力负责实施，投资总额为 1.65 亿元。本项目建设内容包括 110 千伏高压电缆附件和智能化紧凑型 SF6 全绝缘环网成套开关设备生产线，以及 500 千伏超高压实验大厅。目前该项目涉及的珠海生产基地已经建成，正在进行搬迁工作，预计 2009 年 10 月份可全面投产，达产后年产 5000 套 110 千伏以上高压电缆附件和 1 万套智能化紧凑型 SF6 全绝缘环网成套开关设备，预计年销售收入可达 3 亿元，年利润总额为 4600 万元左右。

基于上述五点投机理由，结合长园集团（600525）2009 年 2 月中旬以来长期箱体走势的特征。如图 9－8 所示。2009 年 10 月 20 日放量上涨之后，我们

决定对其投机，并于2009年10月21日到23日建好底仓（一个星期内），平均成本在20元左右。

自从我们买入长园集团之后，其股价走势就基本按照我们的预期发展。在账户上产生了浮动利润之后，如果按照江恩的投机逻辑，在股票投机业已得到利润之后，可以扩大交易规模。于是我们分别在2009年12月25日和2010年3月18日追加了仓位，平均成本价也上升到了24元附近。

2010年3月23日，长园集团公布2009年度财务报表，年报显示，2009年，面对国际金融危机的严重冲击，在国家扩内需、保增长、调结构的宏观环境下，公司积极利用自身优势，抓住了国家对电网、高铁、3G行业高投入的重大契机，向投资者交出了一份优异的年报。2009年度，公司实现主营业收入9.69亿元，同比增长13.16%；实现净利润1.41亿元，同比增长42.16%。2009年度公司还计划“10转10派1”（含税）的分配方案。

在良好年报的催化下，2010年3月24日，长园集团的股价大幅上涨7.13%，收市价为33.21元。随后，股价继续爬高，2010年4月13日最高涨到39.66元之后，出现获利回吐的调整走势，而且收出一个长阴线，技术上有短期见顶之嫌。于是我们在随后的几个交易日，以平均35元的价格全部抛售了

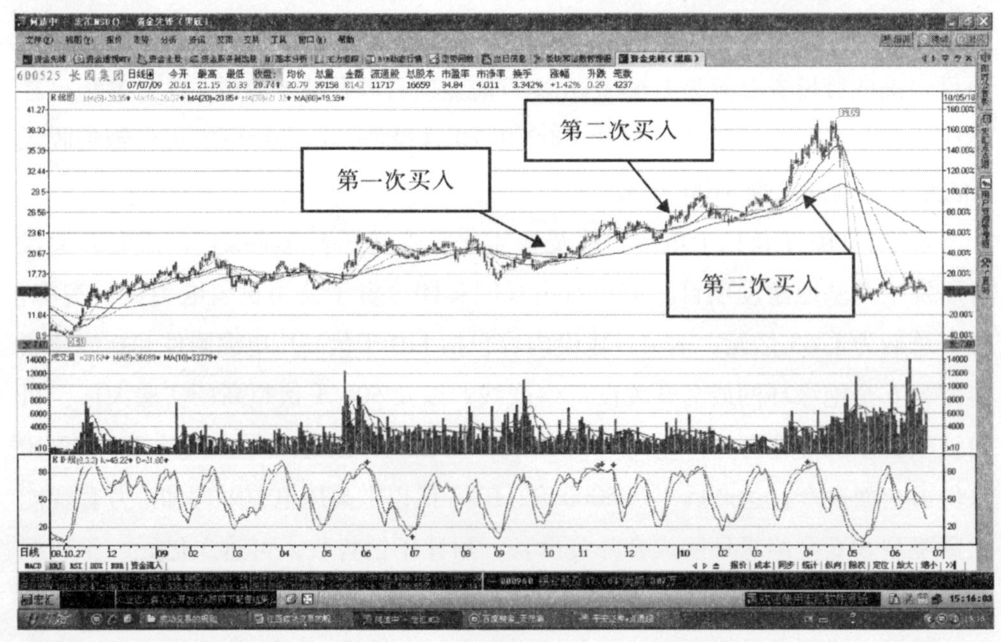

图9-8

长园集团。这只股票我们实际获利超过45%。

客观来讲，长园集团这类股票，一年当中也很少遇到，公司基本面优良，股价长期没有得到市场炒作，还出人意料地推出高送配方案。用业内行话来讲，这是典型的价值投资型股票，但我们只做了一次价值投机，这才是我们的投资理念。

第十章

不因分红买卖，供求决定股价走势

不要只是因为股票要分红就买进，也不要因为股票不分红就卖出。经过一段时间的炒作，股价就会高于或低于本身的内在价值；但最终决定股价走势的是供求关系，股票的价值就是由这些因素决定的。

——江　恩

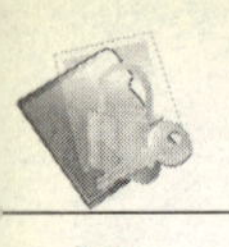

江恩对股票红利是这么解释的："红利（dividend）"的意思是派分利润或赢利；但在买进场外证券或暗藏危机的股票时，这个词就经常变成了"divy"，意思是把自己的资本分给别人，到头来一无所有。所以江恩认为，很多人都犯这样的错误：总是想买进将要分红的股票。

而事实上，江恩建议：不要只是因为股票要分红就买进，也不要因为股票不分红就卖出。

人们经常因为要分红才持有股票，结果是他们的半数甚至更多资本被"洗劫"；随后，能得到的分红也就一起被削减了。为此，江恩建议我们，要留心保护自己的资本，而不要只盯着分红回报。进行交易时要看利润点位而不是分红。行情波动带来的钱会比分红要多，而且你还能够看出股票何时在因行情看涨或看跌而吸筹或派发。

我们知道，股票分红，有红利和红股，红利是指股息，也就是现金分红；红股是指派股，也就是送股。在我国的沪深市场，投机者对上市公司派股兴趣不高，因为以目前市场上的股价计算，每年派发的股息投资回报率绝大部分都很低，甚至还不如银行一年期的基本利率，更不要说能跟上通货膨胀了。更甚者，有很多上市公司多年来"一毛不拔"，是地地道道的"铁公鸡"。

相反，上市公司对送红股相对积极一些，当然，送红股也要照章纳税。所以，我们的证券市场做得最多的是，基本公积金转增股份。这既不需要纳税，又能快速扩张股本、拆低股票价格。

因此，这一章所谓的分红，更多的是指送红股和基本公积金转增股份这两种方式。

从投机获利的角度来看，无论是哪一种分红方式，只要上市公司分红扩股之后，还有持续的赢利能力能完成填权，买入这类股票并长期持有，无疑是好事，好像贵州茅台（600519）一样，从上市以来，多次大比例分红送股和基本公积金转增，但公司的盈利能力都能跟上分红送股的步伐而顺利完成填权，像贵州茅台这种股票无疑是市场公私必争的优质成长蓝筹股。

图 10－1 是贵州茅台上市以来的月 K 线图，从 2001 年 8 月 27 日的开盘价 34.51 元到现在，做一个全程除权处理，最高的时候，上涨到 2008 年 1 月份的 1075.44 元。不到 7 年时间，股价上涨了 31.16 倍。总股本由上市之初的 1.85 亿股，到 2009 年年底，扩张到了 9.438 亿股，扩张了 5.1 倍。

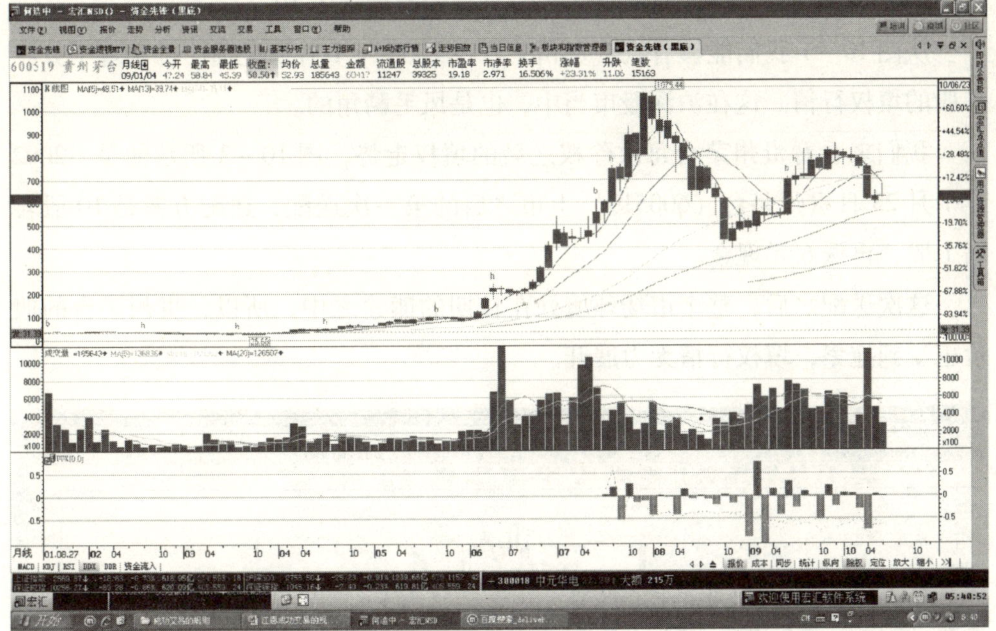

图 10－1

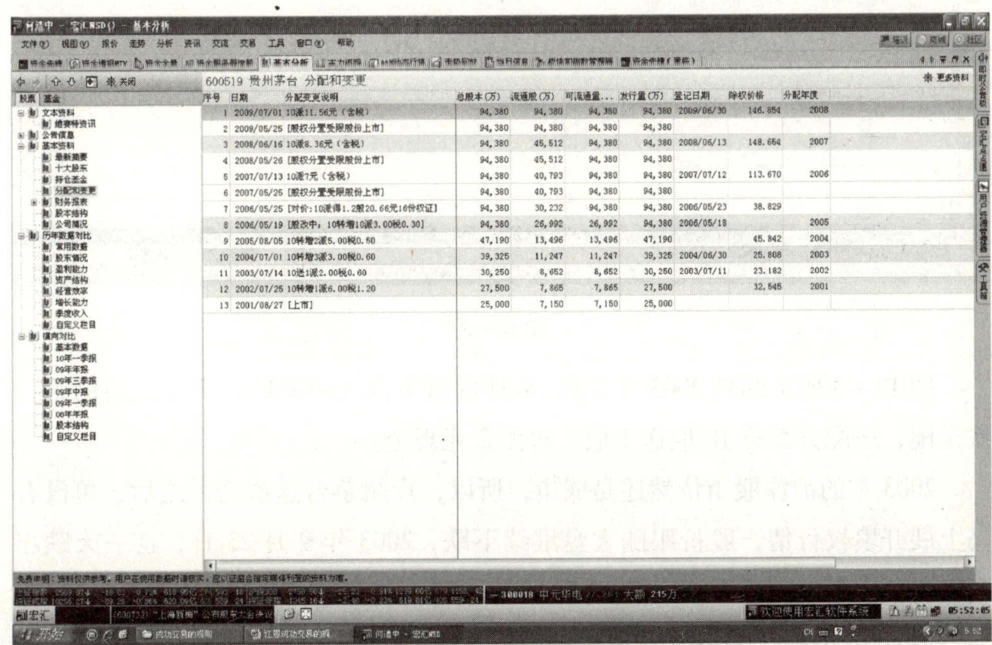

600519 贵州茅台 分配和变更

序号	日期	分配变更说明	总股本(万)	流通股(万)	可流通量...	发行量(万)	登记日期	除权价格	分配年度
1	2009/07/01	10派11.56元（含税）	94,380	94,380	94,380	94,380	2009/06/30	146.854	2008
2	2009/05/25	[股权分置受限股份上市]	94,380	94,380	94,380	94,380			
3	2008/06/16	10派8.36元（含税）	94,380	45,512	94,380	94,380	2008/06/13	148.654	2007
4	2008/05/26	[股权分置受限股份上市]	94,380	45,512	94,380	94,380			
5	2007/07/13	10派7元（含税）	94,380	40,793	94,380	94,380	2007/07/12	113.670	2006
6	2007/05/25	[股权分置受限股份上市]	94,380	40,793	94,380	94,380			
7	2006/05/25	[对价:10派得1.2股20.66元16份权证]	94,380	30,232	94,380	94,380	2006/05/23	38.829	
8	2006/05/19	[股改中：10转增10派3.00税0.30]	94,380	26,992	26,992	94,380	2006/05/18		2005
9	2005/08/05	10转增2派5.00税0.50	47,190	13,496	13,496	47,190		45.842	2004
10	2004/07/01	10转增3派3.00税0.60	39,325	11,247	11,247	39,325	2004/06/30	25.808	2003
11	2003/07/14	10送1派2.00税0.60	30,250	8,652	8,652	30,250	2003/07/11	23.182	2002
12	2002/07/25	10转增1派6.00税1.20	27,500	7,865	7,865	27,500		32.545	2001
13	2001/08/27	[上市]	25,000	7,150	7,150	25,000			

10－2

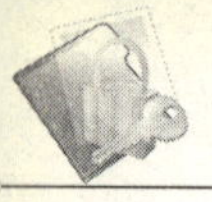

从2001年上市以来，到2009年的所有分配请看图10－2。

从图10－1我们能够看到，贵州茅台在2008年1月份之前，都实现了分红扩股的填权行情。这在沪深股市当中，也是凤毛麟角的。

我们来看看贵州茅台每次除权之后的填权走势，图10－3所示的是，2002年7月25日贵州茅台（600519）上市之后的第一次送配，送配方案是10股转增1股，再派6元现金。

这次送配之后，整个市场环境处在长期的熊途之中，所以，贵州茅台的股价也受到拖累，填权行情无力展开。

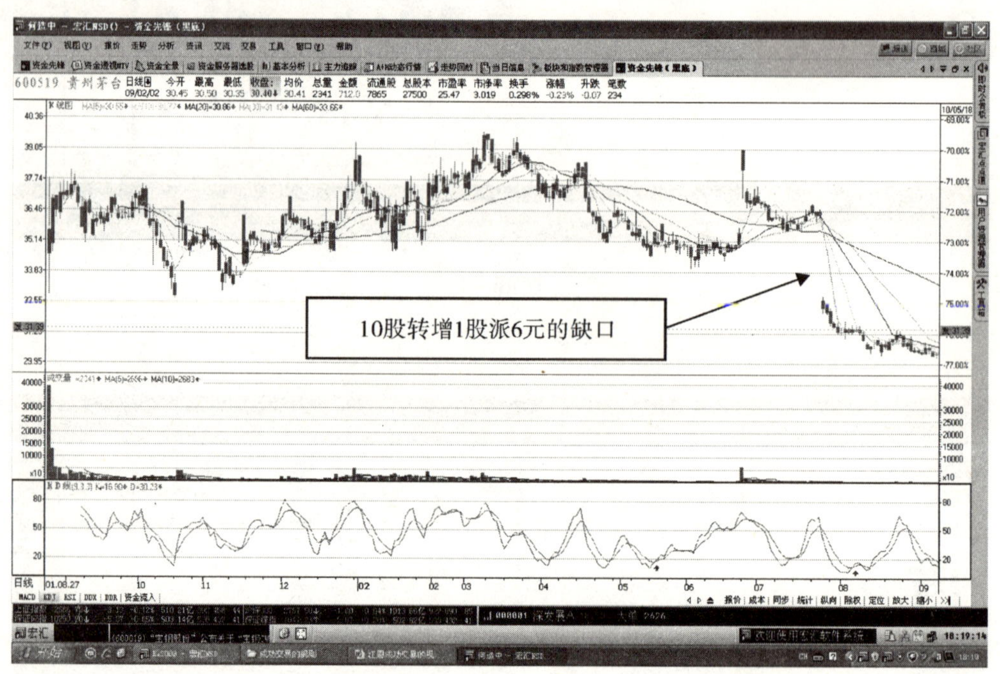

图10－3

图10－3所示的是2003年7月14日贵州茅台（600519）上市之后的第二次送配，送配方案是10股送1股，再派2元现金。

2003年的沪深股市依然还是熊市，所以，贵州茅台这次送配之后，再没有马上展开填权行情，股价跟随大盘继续下跌，2003年9月23日，这一天跌出了贵州茅台历史上最低的价位20.71元。

但2002年和2003年两次除权的缺口，在2003年9月至2004年4月份的一波行情当中，贵州茅台顺利地将其填补完好，如图10－5所示。

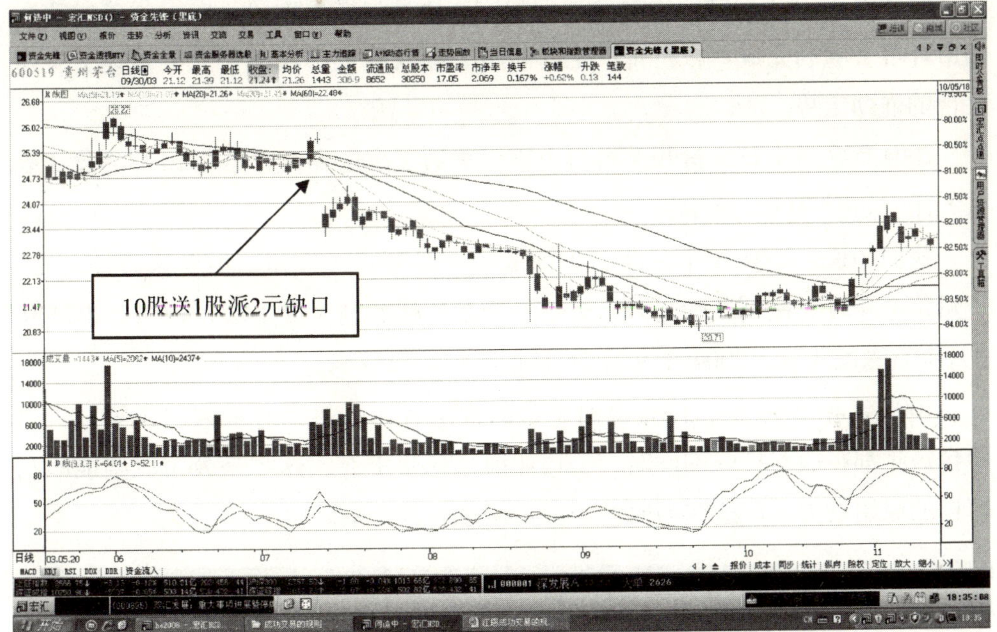

图 10 －4

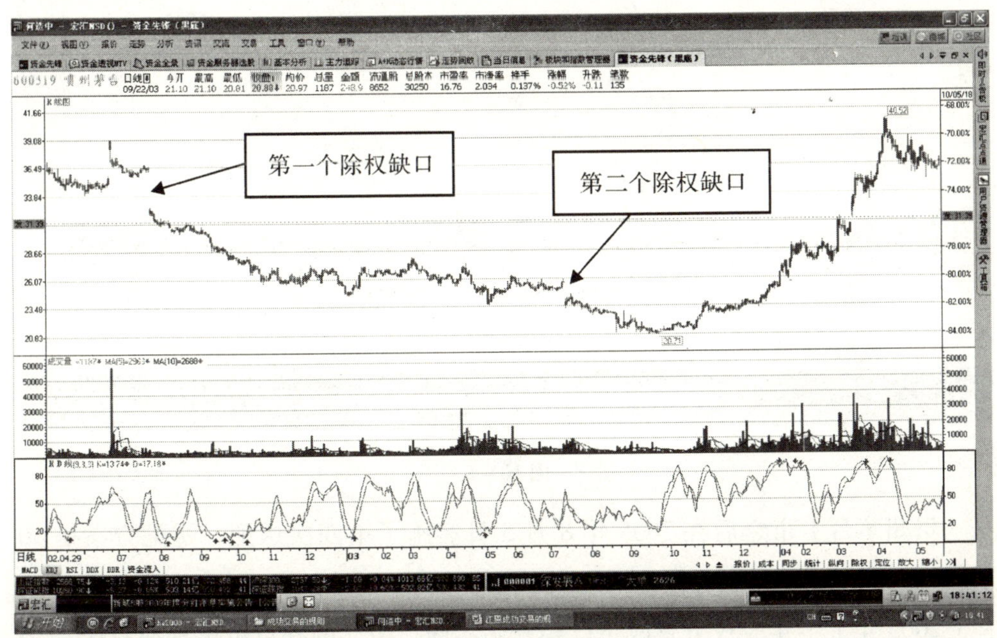

图 10 －5

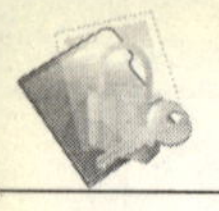

要知道，2003—2004 年期间，沪深股市还是呈熊市走势，而贵州茅台能在熊市环境下顺利完成填权行情，把前面两个除权缺口都填满，充分体现了贵州茅台的强劲走势。

2004 年 7 月 1 日，贵州茅台自上市以来第三次送配，方案为 10 股转增 3 股派 3 元。如图 10－6 所示。

我们知道，2004 年下半年，沪深股市并没有走出熊市。但令人震惊的是，贵州茅台在较大比例送配之后，短短一个多月就顺利完成了填权行情。2004 年 7 月 1 日送配除权，2004 年 9 月 24 日把除权缺口填满。

2003 年和 2004 年，持有贵州茅台的投机者无疑是当时最大的赢家。贵州茅台每年都在股本扩张的同时，公司业绩也稳步上升，这才是公司股票能顺利填权的原始动力。但这在当时的沪深市场也只是个案。

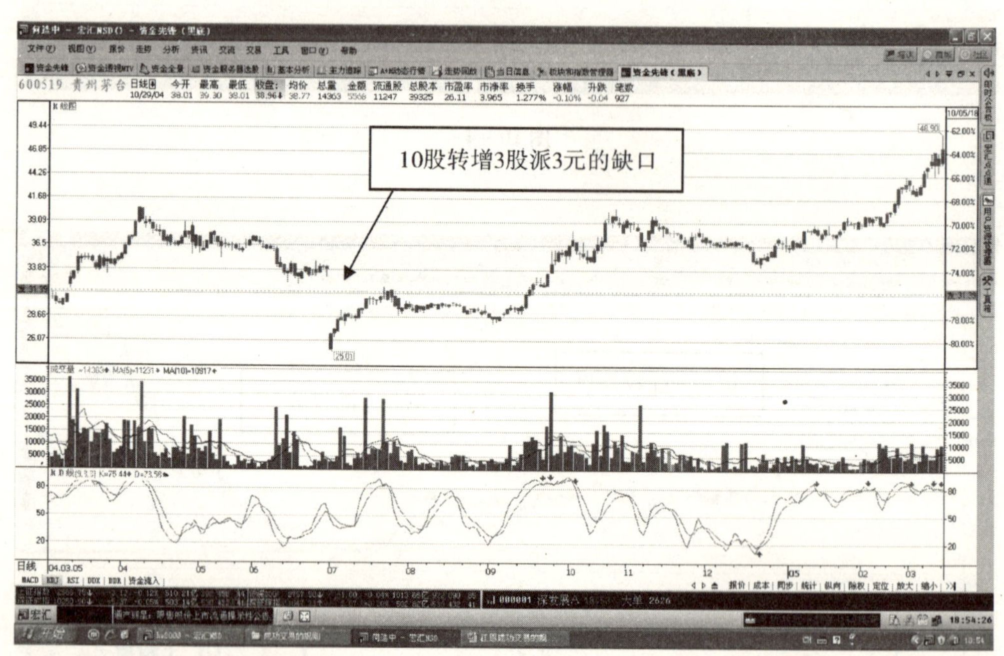

图 10－6

贵州茅台上市之后在 2005 年 8 月 5 日实施了第四次送配，送配方案是 10 股转增 2 股，派 5 元。如图 10－7 所示。

2005 年上半年股权分置改革已经开始实施，牛熊的拐点也出现在 2005 年 6 月 6 日，因此，贵州茅台在第四次送配之后，股价在几个月内稍为回调之后，2006 年 2 月份，贵州茅台以强势的态势完成填权。

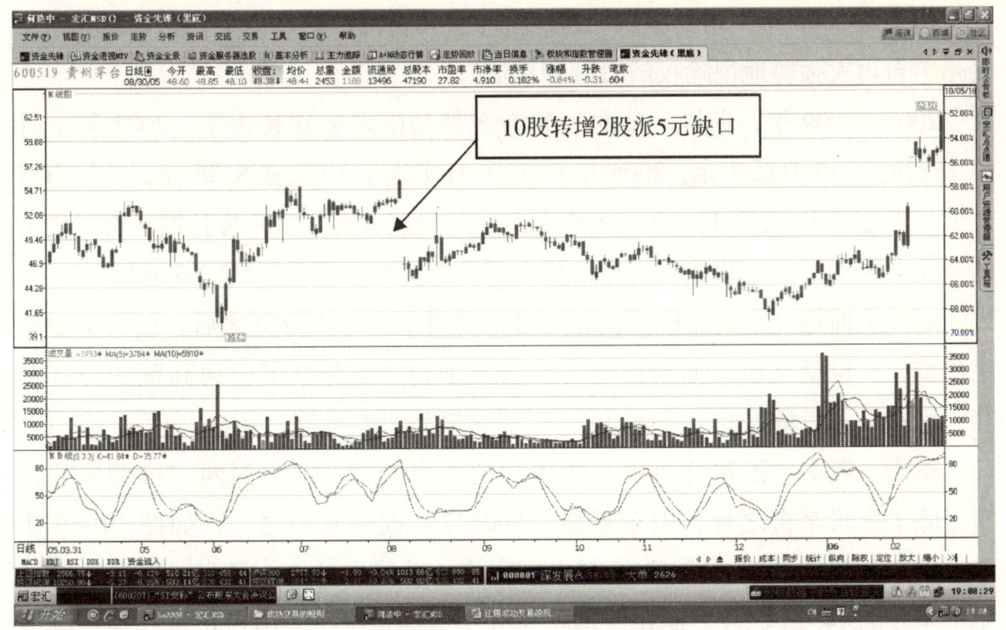

图 10－7

贵州茅台第五次送配是在 2005 年 5 月 19 日，送配方案是 10 股转增 10 股，再派 3 元；加上股改方案 10 股派 1.2 股和 20.66 元，再送 16 份权证，贵州茅台在 2006 年 5 月 25 日出现一个巨人的除权缺口，如图 10－8 所示。

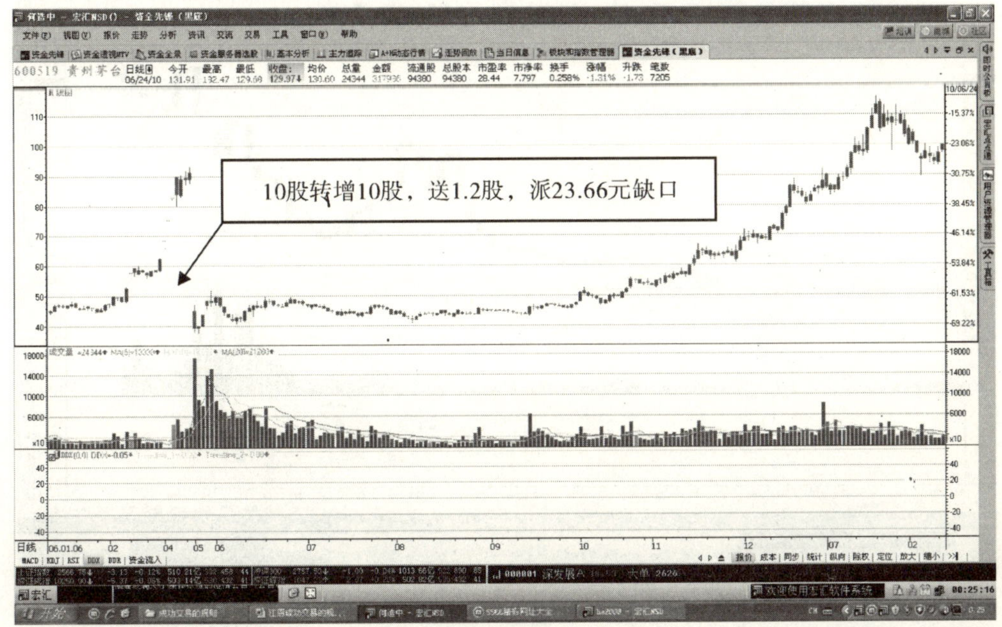

图 10－8

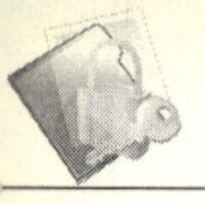

但随着 2006 年牛市的纵深演进，加上公司持续的赢利能力，到 2006 年底，贵州茅台再次强势地把除权缺口顺利填满。

2007—2009 年，贵州茅台的送配方案都是以现金红利为主，2007 年 7 月 13 日实施了 10 股派 7 元，2008 年 6 月 16 日实施了 10 股派 8. 36 元，2009 年 7 月 1 日实施了 10 股派 11. 56 元等现金红利的分红方案。对股价长期在百元之上的贵州茅台而言，这些红利送配，基本上没有多少悬念就顺利完成填权。

通过上面每一次的分析，我们知道，贵州茅台每次分红之后，股价都顺利完成填权，也就是说，如果长期持有贵州茅台，既分享了公司高额的分红福利，也获得了股价上的上涨收益，“鱼和熊掌”二者兼得。

然而，股本扩张和公司盈利能协同的上市公司，在沪深两市可谓凤毛麟角，除了贵州茅台之外，山东黄金（600547）也是其中之一，如图 10 - 9 所示。山东黄金自 2003 年 8 月 28 日上市以来，总股本从 1. 6 亿股，扩张到 2010 年上半年的 14. 23 亿股，而在股本扩张 8. 9 倍的情况下，山东黄金还能顺利地把每次分红的除权缺口填补，即股价还能保持长期的上涨，从图 10 - 9 上看，山东黄金全程复权之后，股价上涨了足足 70 倍。这反映出市场对山东黄金的偏好，和投机者如果长期持有它的话，收益是何等可观。反过来说，又有哪个

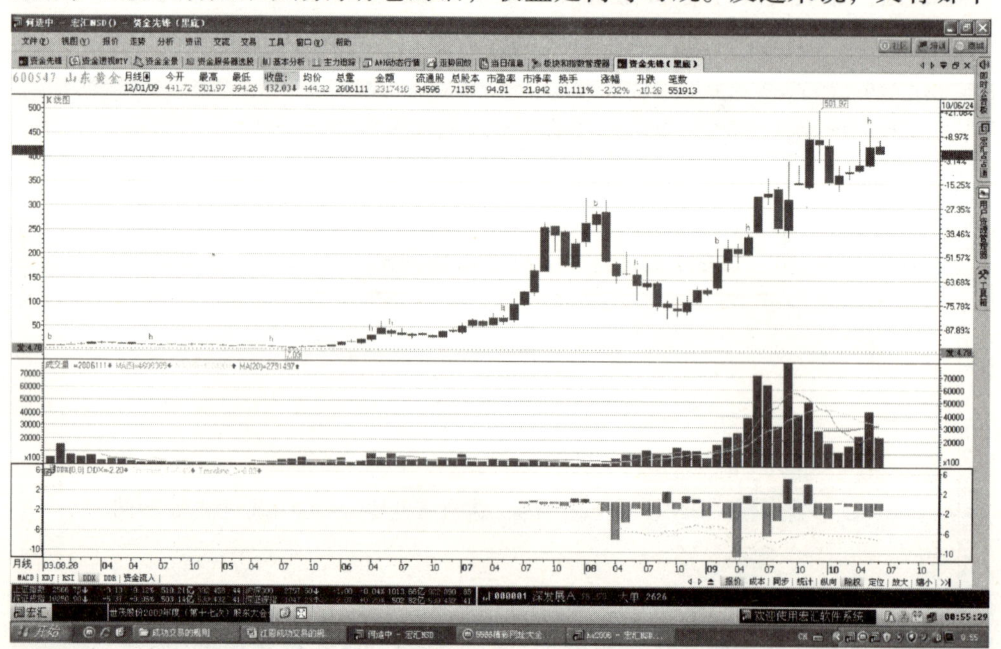

图 10 - 9

投机者享受到了山东黄金带来的收益呢？估计很难找到吧！

贵州茅台和山东黄金这两家上市公司的一个共同点是，都是资源垄断或者说资源特有型的企业，别的企业无法复制。所以也就不是大概率的投机机会，绝大部分上市公司在股本出现一定的扩张之后，企业的赢利能力跟不上股本扩张的节奏，如果投机者想在上市公司某个会计年度为了分红而持有它的股票，以分红为投机的理由，实现股价差额收益尚可，但如果想为了分红而长期持有之，那么就可能得不偿失了。这种案例实在举不胜举。

譬如沙隆达（000553）2007 年 7 月 9 日 10 股转增 10 股之后，至今未能把除权缺口填补好，也就是说长期处于贴权走势。如图 10－10 所示。

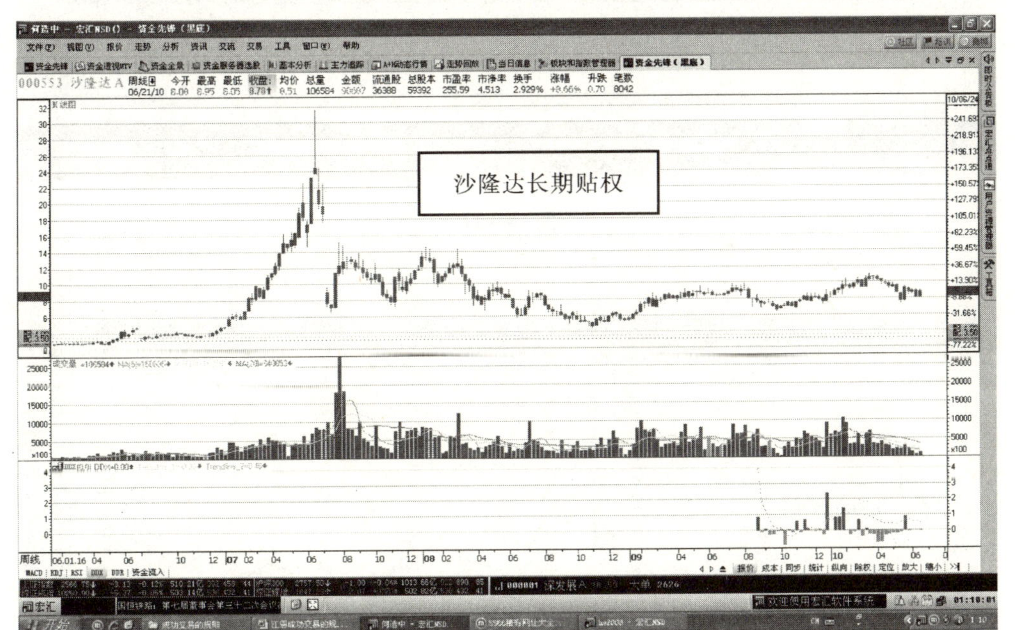

图 10－10

中小板的同洲电子（002052）上市之后，2006 年 10 月 23 日的 10 股送 3 股，再派 1.0 元现金的除权缺口在 2007 年的牛市环境下，一气呵成填满缺口。但 2007 年 5 月 25 日的 10 股转增 10 股的除权缺口，至今也没有填满。如图 10－11所示。就连招商银行（600036）这样的明星蓝筹股，2009 年 7 月 3 日 10 股送 3 股再派 1.00 元之后，在随后的一年时间，也无力填权，相反贴权率最大的时候也达到 30%。如图 10－12 所示。

而海螺水泥（600585）2010 年 6 月 21 日，10 股转增 10 股再派 3.50 元的

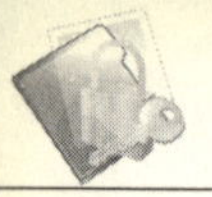

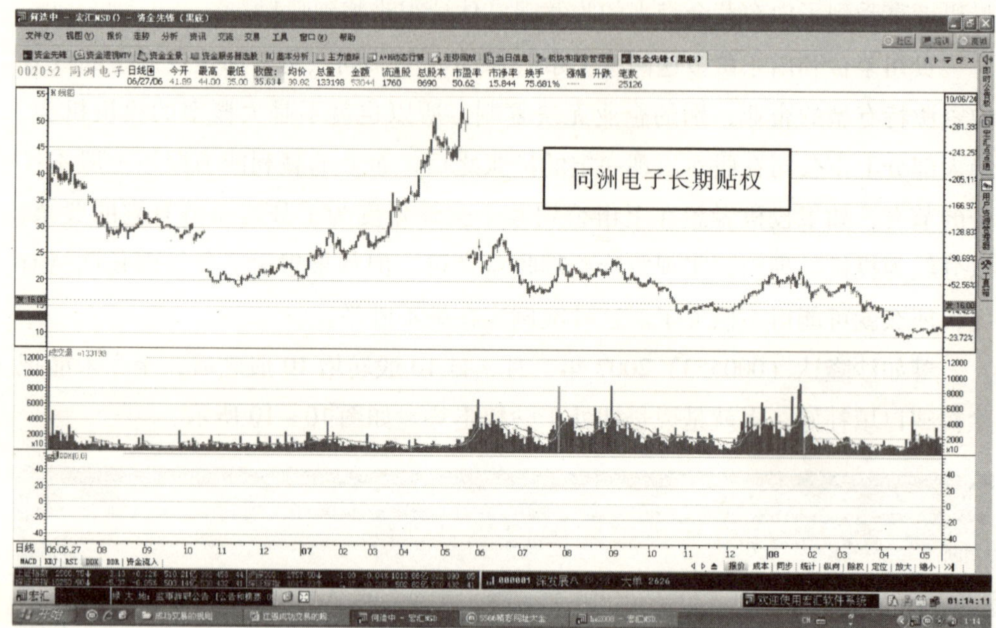

图 10－11

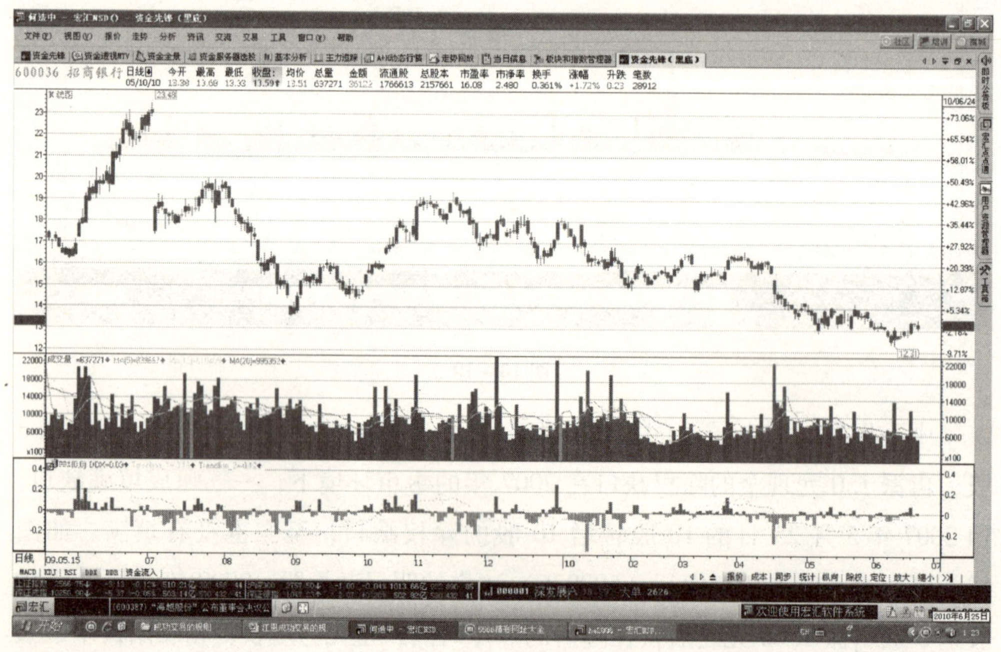

图 10－12

良好分配方案，既没有事情市场的抢权行情演绎出来，也没有走出含权行情，除权之后的填权行情估计更难期待。如图 10－13 所示。如果投机者为了分红而买入海螺水泥，唯一的结局就是亏损。

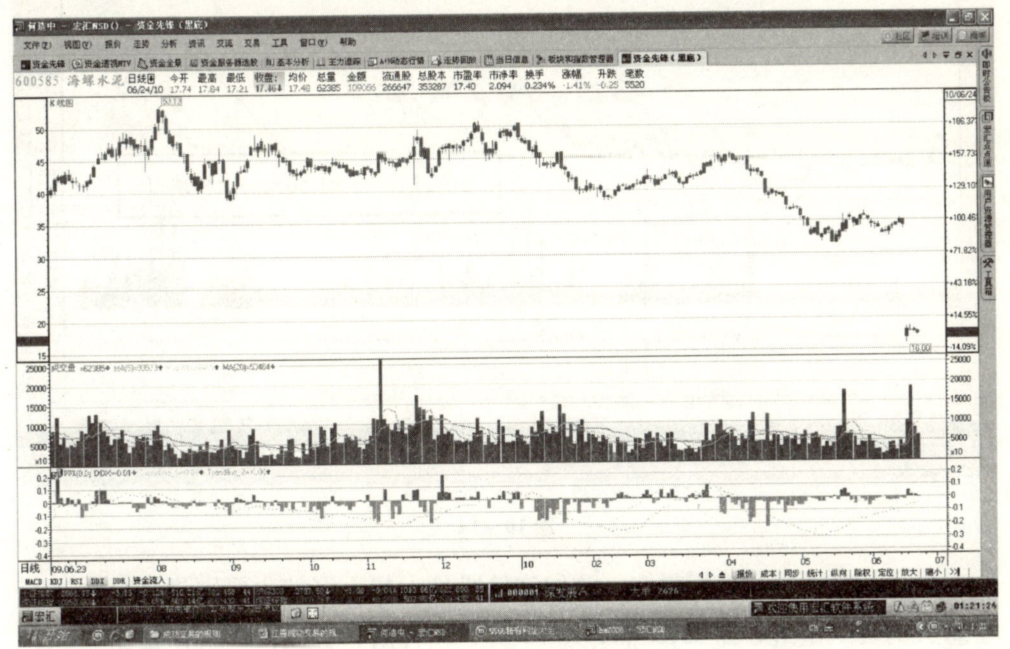

图 10－13

图 10－13 海螺水泥的走势，正好印证了江恩这句话：如果一只股票的卖出价很低或者与其派发的股息不相称，就很可能有问题，这时候，做空要好于做多。

江恩的另外一句经典话语是：如果一只股票的卖出价很高却没有分红，则其中必有原因，这时候，你就不应当做空。很可能是这只股票将要分红，或者，正处于强势。否则，这只股票就不会以高价卖出。

比如国电南瑞（600406），自 2009 年以来，长期稳步爬升，无论大盘上涨还是调整，国电南瑞都独立地走自己的行情，这其中的原因除了第三章我们分析的那样，国电南瑞基本面长期被机构以“推荐”评级所致，相信跟 2009 年度 10 股送 10 股又派 1. 50 元的分配方案也分不开。如图 10－14 所示。

股价上涨而又没有分红的案例，也不在少数，比如新农开发（600359），自 2009 年 9 月 29 日开始，从 9. 50 元启动，短短两个多月，股价飙升到 25. 90 元。事后公司并没有高分配方案出来。

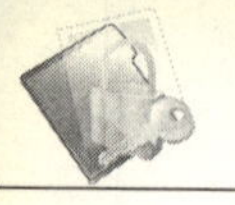

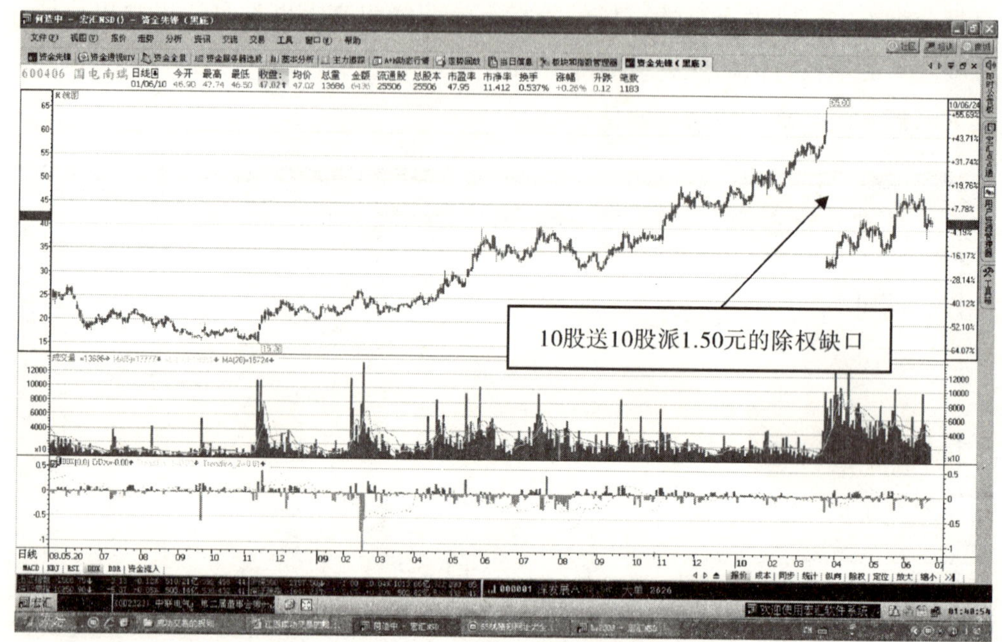

图 10－14

事后从公司信息披露得知，诱发这轮股价大幅上涨的主要因素是公司进行了重大的资产重组。如 2010 年 1 月 18 日公司披露，目前重大资产重组工作正在积极推进，公司与控股股东阿拉尔统众国资经营公司签订了资产置换意向书，置出资产为公司的涉农资产，置入资产为矿业资产。在 1 月 14 日，公司和大股东统众公司签订了资产置换意向书，拟以南口农场资产及负债，与统众公司将持有的新疆库车县榆树岭煤矿 100% 股权进行资产置换。置换完成后，公司主营业务将从农业种植、加工调整为矿产、能源、化工。

股价长期上涨，但没有分红方案的另外一个经典案例是安琪酵母（600298）。从图 10－16 看到，从 2008 年 10 月 28 日的低点 7.30 元，稳步爬升到 2010 年 4 月 23 日的 39.45 元，在这个过程当中，大盘走势几经波折，但安琪酵母却越挫越勇，每次都有惊无险地避过了系统性风险。

支持安琪酵母股价长期大幅上涨的基本面原因是，公司在 2009 年有一个定向增发的项目。这个定向增发除了从湖北省国资委、公司股东大会、中国证监会那里顺利获得通过之外，还得到了市场的认同。安琪酵母增发方案是拟向湖北日升科技有限公司发行股份购买其持有的安琪酵母（伊犁）有限公司 30% 的股权、安琪酵母（赤峰）有限公司 10.5% 的股权、宜昌宏裕塑业有限责任公司

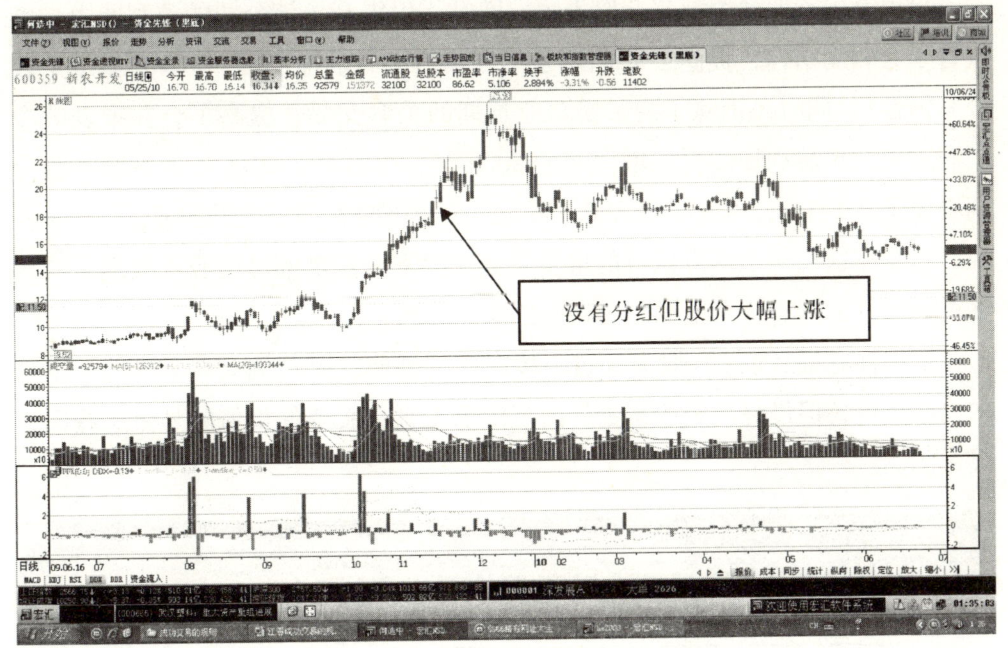

图 10-15

65%的股权方案。

根据湖北日升科技有限公司董事长李鑫介绍，2006 年，日升公司是在安琪伊犁进行 1.5 万吨扩建，资金缺口大且资产负债率已近 60% 的情况下对安琪伊犁增资的，因此当时的投资并不是无风险，正因如此，公司先后有 37 人放弃并转让了股份。

李鑫介绍，日升公司 2006 年成立时注册资本 4000 万元，陆续投入到 3 个公司中，经过 3 年多的分红、滚存利润和凭借自身的贸易、投资收益等，到 2009 年 6 月末净资产已达 9049.57 万元，并且资产优良，各项收益指标均明显好于上市公司。本次增发是把 9000 多万元的优质资产按未来高收益情况评估为 7.18 亿元装入上市公司，增值率是 695%。李鑫强调说，日升公司的股份是要锁定 3 年的，而 3 年后公司也并没有减持的计划。即便是 3 年后允许减持，按照规定每年变现额也不能超过 25%，这样减持至少需要 30 年。

银华基金行业研究员薄官辉认为，增发实现了管理层和科技骨干股权证券化，把管理层、科技骨干利益与上市公司股东利益绑在了一起，减少了关联交易，提升了上市公司的整体赢利水平和市场价值，有利于安琪酵母的更快发展，应该是一个市场各方都能接受的方案。

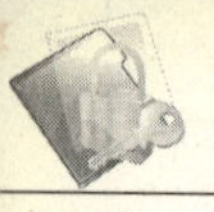

申银万国行业研究员赵金厚表示，增发不仅提高了该公司的盈利能力，也改善了其利润结构，提高了“归属于母公司所有者的净利润”，降低了“少数股东损益”，同时还消除了与宏裕塑业长期的关联交易，提高了合并报表的净利润水平。从盈利预测看，增发将使 2009 年、2010 年、2011 年的每股收益分别增厚了 0.141 元、0.119 元和 0.136 元，对原有股东收益提升明显。

就是在这么一个多方认可的增发项目支撑下，安琪酵母的股价实现了一年多近 6 倍的上涨。这个上涨与公司分红毫无关系。

所以江恩最后说：“股票经过一段时间的炒作，股价就会高于或低于本身的内在价值，但最终决定股价走势的是供求关系，股票的价值就是由这些因素决定的。”

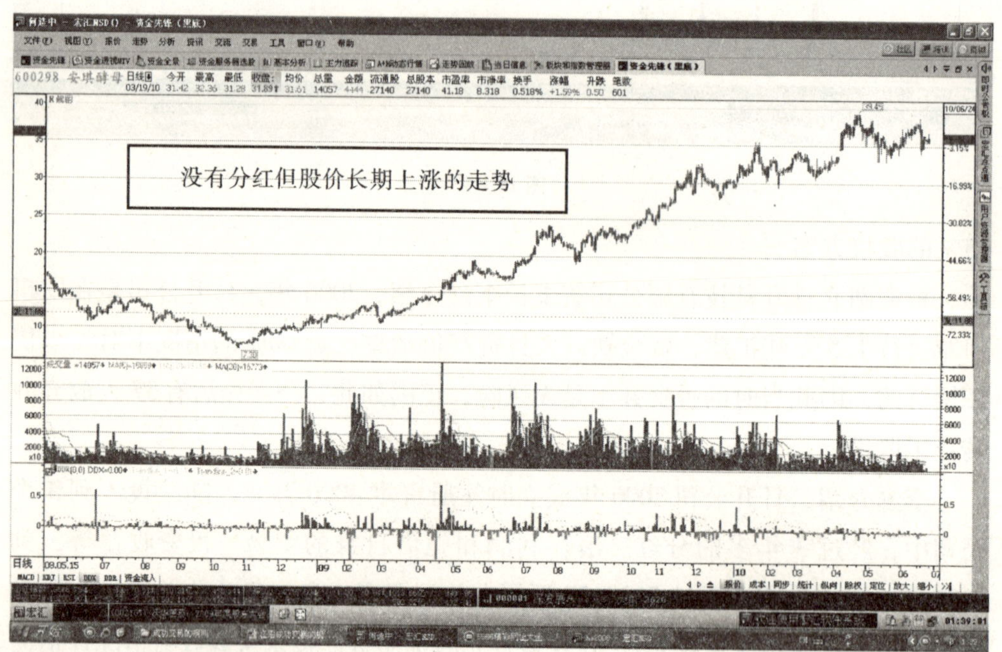

图 10－16